Gesundheit und neue Energie durch

Fasten

Dr. med. Eva Lischka/Dr. med. Norbert Lischka

Gesundheit und neue Energie durch

Fasten

Das Regenerationsprogramm
für Körper und Seele

FALKEN

Inhalt

Vorwort

Heilfasten ist bei den meisten naturheilkundlich interessierten Patienten und Ärzten „in". Im Gegensatz dazu lehnen auch heute noch die meisten schulmedizinisch orientierten Patienten und Ärzte das Fasten als gefährlich und schädlich ab. Nach allem, was ich in meiner Ausbildung zum Mediziner gelernt habe, verstehe ich das. Auch ich war früher der Meinung, daß die Naturheilkunde als Kurpfuscherei schon längst hätte verboten werden müssen. Vor allem wegen meiner wiederholt schweren Krankheiten hatte ich Medizin studiert, um einen Weg aus der Krankheit zu finden. Nach Beendigung des Krieges und Abschluß meines Studiums war ich dann an einem großen Krankenhaus in München, um eine möglichst umfassende Ausbildung zu erwerben, in der inneren Medizin tätig. Gesundheitlich ging es mir aber ständig schlechter. Und als ich mit meiner Ausbildung zum Internisten fertig war, war ich auch mit meiner Leistungsfähigkeit am Ende. Mit 30 Jahren wollte ich deshalb den Arztberuf aufgeben, in der Überzeugung, die erforderlichen Leistungen nicht mehr erbringen zu können.

Erst als mich meine ganze Medizin praktisch im Stich gelassen hatte – die Hilfen reichten immer nur vorübergehend in akuten Krankheitsstadien –, war ich bereit, nach irgendwelchen Heilungsmöglichkeiten außerhalb meiner gelernten Medizin zu suchen. Ich erinnerte mich, daß ich 1942 als Soldat von dem damals obersten internistischen Berater des Wehrkreises, Herrn Prof. Grafe von der Universität Würzburg wegen chronischer Nephritis (Nierenentzündung) vier Wochen ins Lazarett Bad Brückenau geschickt worden war. Also wollte ich mit dieser Therapie wieder beginnen. Durch Zufall fand ich aber Aufnahme in dem Kneipp-Krankenhaus St. Josef, das damals von Ordensschwestern geführt wurde. Die leitende Therapieschwester meinte damals zu mir: „Herr Doktor, Sie sollten hier einmal eine richtige Kneipp-Kur durchführen. Die würde Ihnen sicher sehr gut tun." Während ich früher über ein derart „unsinniges" Ansinnen einer Schwester nur gelächelt hätte, war ich nun offen für ein solches Angebot, und so machte ich meine erste Kneipp-Kur. Damals hatte ich noch mikroskopisch Blut im Urin, von meiner infektiösen Leberentzündung mit Gelbsucht aus dem Krieg eine geschwollene Leber und Magengeschwüre und war ständig erschöpft. Nach Anweisung der Schwester sollte ich nun gut und reichlich essen, da die Wasserkur zehre. Ich war also folgsam und wurde dazu noch fest nach Kneipp gebadet. Statt der erwarteten Besserung ging es mir aber immer noch schlechter. Die Magenschmerzen verstärkten sich, vermehrt war wieder Blut im Urin, und die Leber drückte unangenehm. Nach Beendigung meiner Kur war ich erschüttert über meinen schlechten Zustand. Vor allem, daß man mich mit dem Baden noch so „ruinieren“ konnte. Das „Wasserpanschen“ nach Kneipp war nach meiner früheren Vorstellung völlig wirkungslos und daher unsinnig. Die Begriffe aus der Naturheilkunde „Rückvergiftung und Reaktion“ waren in meiner medizinischen Vorstellung nicht vorhanden. Als es mir aber nach einem Vierteljahr plötzlich immer besser ging, wurde mir klar: Diese Kneipp-Behandlung in dem Schwesternhaus hatte für mich eine Schlüsselfunktion. Es war ein Erlebnis und ein Zeichen, wo mein Weg zur Gesundheit zu finden war: In der Naturheilkunde. Eine harte Lehre war dafür nötig gewesen, nämlich eine Serie von schweren Krankheiten.

Erst mein Weg in die Naturheilkunde, insbesondere zur Ernährungstherapie mit Heilfasten, zur physikalischen (speziell Hydrotherapie), Bewegungs- und Ordnungstherapie, gaben mir wieder Hoffnung auf Gesundung. Um meinen naturheilkundlichen Horizont zu erweitern, leitete ich damals für das Balneologische Institut in München wissenschaftliche Arbeiten in Bad Wörishofen und lernte so die Leistungs- und Wirkungsmöglichkeiten dieser Medizin kennen.

Bei meiner Arbeit in Wörishofen wurde mir aber klar, daß die gesamten physikalischen medizinischen Maßnahmen nur einen Teil naturgemäßen medizinischen Denkens und Handelns darstellen konnten. Es wurde immer deutlicher, daß Ernährungstherapie, in Konsequenz dazu die Fastentherapie, einen ganz entscheidenden Faktor bei der Gesundung und Gesunderhaltung des Menschen repräsentiert. Ein Kneippärzte-Kurs brachte mir weitere Kenntnis über die Wirkungen. Das richtige Verständnis für die biologischen Abläufe und Gesetze erfordert allerdings viel Erfahrung und Lernbereitschaft, wie ich aus eigener Erfahrung weiß. Nur einige Stationen seien hier erwähnt: Nach Kneipp kam ich 1952 zu **Waerland** und seiner Darstellung der Gesundheit. Dabei war beeindruckend, daß seine Ernährungsumstellung auf eine lakto-vegetabile Kost durch eine Fastentherapie eingeleitet werden mußte.

Über die F. X. Mayr-Therapie wurde ich nicht nur durch den Mayr-Ärztekurs unterrichtet, sondern ich konnte 1960 auch noch mit **F. X. Mayr** selbst seine Fastentherapie besprechen, ebenso mit **Dr. Otto Buchinger** sen., der mich 1957 über seine Fastentherapie informierte.

Die heilige **Hildegard von Bingen** empfiehlt ebenfalls das Fasten, ohne aber Hinweise auf die Art und Weise zu geben. Das Fasten war offensichtlich bereits vor 1000 Jahren allgemein üblich. Sie hebt aber hervor, daß man nur unter fachkundiger Leitung, die auch die Dauer des

Fastens festlegen muß, fasten darf. Deshalb sollte unbedingt ein Fastenarzt zu Rate gezogen werden, wenn man sich heute für diese Therapie entscheidet. Über viele interessante und wichtige Fakten wird später noch zu berichten sein.

Auf einige wichtige Grundsätze möchte ich aber noch hinweisen:

1. Zuerst muß man bereit sein, für seine Gesundung und Gesunderhaltung selber etwas zu tun und zu leisten. Dazu muß man den richtigen Weg, den man gehen muß, erst erkennen. Eine eingehende Einführung durch einen erfahrenen Fastenarzt ist daher erforderlich.

2. Eine Heilung von Beschwerden, vor allem chronischer Krankheiten, ist in der Regel durch eine ambulante Behandlung nicht möglich. Allein schon die Umschaltung des vegetativen Nervensystems in den Heilungsprozeß setzt meist voraus, daß der Patient aus seinem häuslichen Milieu herausgeholt werden kann und eine ständige stationäre Überwachung möglich ist. Die richtige Durchführung einer Fastentherapie kann uns auch Fastenkrisen – Heilungskrisen – ersparen helfen.

3. Eine Heilung von Krankheiten läßt sich nur erreichen, wenn man den Heilungsprozeß, einen biologischen Vorgang, richtig einleiten kann. Dazu bedarf es meist eines Fastenzeitraumes von wenigstens drei Wochen und einer Abfastenzeit von ca. einer Woche. Streßfolgen, Überforderungssyndrome und ähnliches können auch mit kurzem Fasten erstaunlich schnell und gut

behoben werden. Zehn Tage sollte man sich aber Zeit nehmen.

4. Die Heilung ist, wie das ganze Leben, ein ständiger Prozeß. Wir können daher einen Kranken nicht „gesundmachen“. Wenn man mit einer richtig durchgeführten kombinierten Fastentherapie einen Heilungsprozeß in Gang halten will, muß nach der Entlassung aus stationärer Überwachung und Leitung „das ins Wachsen gekommene Gesundheitspflänzchen“ zu Hause weiter begossen und gepflegt und spätestens nach einem halben Jahr „umgetopft“ werden, das heißt nochmals mit circa zwei Wochen durch erneutes Fasten aktiviert werden. Auch die Fortführung der weiteren notwendigen Maßnahmen sind dann mit dem Fastenarzt zu besprechen.

5. Das Heilfasten ist eine interdisziplinäre Therapie, das heißt, nicht nur eine bestimmte Krankheit kann mit Erfolg behandelt werden. Da Fasten allgemein die Abwehr-, Heilungs- und Regenerationskräfte aktiviert, kann es oft mit erstaunlichem Erfolg bei den meisten Krankheiten eingesetzt werden. Das verstehen aufgrund ihrer Ausbildung viele Mediziner nicht. Deshalb ist die Beratung durch einen erfahrenen Fastenarzt wichtig.

6. Es ist bei der heutigen Zivilisationslebensweise nicht leicht, unserer Natur gerecht zu werden. Es lohnt sich daher, „schwarz auf weiß“ eine Hilfe zu haben, in der man nachlesen und sich Anwendungen aussuchen kann, die zu Hause und im Arbeitsrhythmus überhaupt durchführbar sind. Über Naturheilverfahren und auch über Fasten wurden bereits eine Menge Bücher geschrieben. Es ist erstaunlich, was dabei auch an eigenen Vorstellungen der Autoren den alten und erfahrenen Fastenärzten alles unterstellt wird, wie von Weiterentwicklung und wissenschaftlichen Verbesserungen geschrieben wird. Der Fachmann fragt sich, wo dabei das notwendige biologische Verständnis geblieben ist. So lohnt es sich, dieses Buch zu lesen. Es dient zur Erinnerung und Auffrischung richtiger Vorstellungen und zum Aussuchen rechter Hilfen, die eine Durchführung zu Hause erst ermöglichen. Und denken Sie daran: Da gibt's nichts Gutes, außer man tut es.

Bei Ihrer stetigen weiteren Gesundung und Gesunderhaltung wünsche ich Ihnen viel Freude und Erfolg.

EINLEITUNG

Sehr verehrte Leserin,
sehr geehrter Leser,

ein Wort an Sie alle, die Sie aktiv nach Gesundheit und Wohlergehen suchen. Nicht durch Pillen, Salben und Spritzen möchten Sie gesund werden und bleiben, sondern mit Hilfe einer Medizin, die der Natur des Menschen gemäß ist. Sie wollen die heilbringenden Kräfte nutzen, die unseren Körper Tag für Tag vor Krankheiten schützen und ihn abwehrstark gegenüber Eindringlingen aller Art machen.

Aber mehr noch. Wir wollen uns der heilenden Kräfte bedienen, die die Natur um uns herum bereitstellt. Da gibt es Wasser und Luft, da gibt es helles, warmes Licht und kühle, dunkle Nacht. Wir kennen sowohl Trockenheit und Dürre als auch üppige Feuchtigkeit. All diese unterschiedlichen Zustandsformen der Natur finden wir in den verschiedensten Erscheinungsformen, nicht zuletzt auch widergespiegelt in den Krankheiten des Körpers.

Und da sind all die Pflanzen, die Kräuter, mit denen wir Menschen, ob wir sie nun als Pharmakon (Arzneimittel) oder als Nahrung benutzen, in einer engen Wechselbeziehung stehen. Immer wieder werden wir bei unseren Überlegungen auf dieses Geben und Nehmen zwischen Mensch und Natur, die ihn ja hervorgebracht hat, zurückkommen. Immer wieder werden im Zentrum unseres medizinischen Denkens und Handelns die körpereigenen Heilkräfte stehen, wird es dieser innere Arzt, Archäus (der Alte, der Allwissende) sein, vor dem wir uns verneigen. Denn er ist es, der auch ohne menschliches Zutun – ohne Arzt und High-Tech-Medizin – den natürlichen Fluß der Dinge steuert und das Wundergebilde Mensch gesund, leistungs- und vermehrungsfähig erhält.

Heraklit vertieft diesen Gedanken, indem er sagt: „Der Mensch kann nur aus sich selbst gesund werden. Kein anderer kann ihn gesund machen." Der Kranke aber leidet an dem Widerspruch, daß er seine Heilkräfte nicht mehr mobilisieren kann, er ist ja krank. Die Synthese muß also sein: **Der Arzt sollte zum Helfer beim Prozeß der Selbstgesundung werden – selbst gesunden nach den Gesetzen der menschlichen Natur und unter Zuhilfenahme der uns innewohnenden Heilkräfte.**

Aber welche Kräfte hält die Natur von sich aus bereit? Wo müssen wir sie suchen? Der Vater aller Ärzte weist uns den Weg. „Eure Nahrung", so betont **Hippokrates,** „sei Euer Pharmakon, und Euer Heilmittel sei Eure Nahrung. Die vornehmste und wirkungsvollste Art

Der griechische Arzt Hippokrates gilt noch heute als Begründer der modernen Medizin

aber, Euren inneren Arzt wirken zu lassen, besteht im Weglassen aller Nahrung."

„Ist denn Fasten nicht gefährlich?"
Auf diese Frage antworten wir oft: *„Für Sie bedeutet nicht das Fasten eine Gefahr, sondern mit Ihrem bisherigen Eßverhalten basteln Sie die Zeitbombe, die in Ihnen tickt."*
Entschärfen Sie diese Bedrohung, indem Sie einer Müllverbrennungsanlage gleich Ihre angehäuften Depots benutzen, um die täglich benötigte Stoffwechselenergie zu erzeugen. Dabei entwickelt der Körper ein sicheres Gespür, worauf er verzichten kann und was er ausscheiden möchte.

Wir liegen vom ersten Tag an auf dem Operationstisch der Natur. Fasten wird zu Recht als Operation ohne Messer bezeichnet. Abgebaut werden Fettgewebe, Ablagerungen in Blutgefäßen, durch Entzündungen entstandene Eiweißablagerungen und ähnlicher Ballast.

Weglassen aller Nahrung, freiwilliger Verzicht also – und schon haben wir den Bogen zu unserem spannenden Thema geschlagen. Dieses Buch soll Ihre Neugierde wecken, Ihnen Wissenswertes über das Heilfasten vermitteln und Ihnen Mut machen, das Fasten für sich als Quelle neuer Lebensfreude und Leistungsfähigkeit zu entdecken.

Der griechische Philosoph Heraklit stellte schon vor 2500 Jahren fest, daß man dem Körper nur helfen kann, sich selbst zu heilen

Ursprünge und Entwicklung

Wie kamen die Menschen eigentlich darauf, daß ausgerechnet der freiwillige Verzicht auf die lebenswichtige Nahrung so wertvoll für die körperliche und geistige Gesundheit sein kann?

Das Fasten ist beileibe keine Erfindung von Menschen oder – wen will es wundern – gar von Ärzten. Nein, Nahrungsverzicht und Essen verkörpern ein der Natur innewohnendes Prinzip von Polaritäten, uns allen wohl bekannt und vertraut. Selbstverständlich ist für uns der Wechsel von Tag und Nacht. Wir wissen, daß es ohne Wachen kein Schlafen und ohne Bewegung keine Ruhe geben kann. Ein Sommer braucht den Winter, und Kälte ist nur aus der Empfindung der Wärme heraus vorstellbar. Wie kann es Freude ohne Trauer geben? Wie könnte unser Automobil anspringen, trüge die Fahrzeugbatterie außer einem Pluspol nicht auch einen Minuspol?

Unter diesen polaren Gesetzmäßigkeiten, unter dieser Spannung, die Energien freisetzt, läuft das gesamte Leben ab. Nach diesen Grundsätzen vollziehen sich alle Vorgänge im Kosmos.

Viele Lebewesen verbringen Zeiten ohne Nahrungsaufnahme. Instinktgebundenen Nahrungsverzicht kennen wir vom kranken, verletzten Tier, das die Nahrung verweigert. Tiere können auch Zeiten, in denen die Umweltbedingungen lebensfeindlich sind, ohne Nahrungsaufnahme überdauern, wir kennen zum Beispiel den Winterschlaf des Grizzlybären. Wir wissen, daß Pinguine, bei denen die Männchen die Brutpflege besorgen, während ihrer halbjährigen Brutphase keine Nahrung zu sich nehmen.

Auch wir Menschen „fasten“ unbewußt, zumindest in der Zeit zwischen Abendmahlzeit und Frühstück. Aus diesem Grund bezeichnen die Angelsachsen ihr Frühstück als Fastenbrechen, „breakfast“, wobei fasting das Fasten meint.

Auch der kranke Mensch ist oft appetitlos und verweigert die Nahrung aus einem gesunden Instinkt heraus. Wir begreifen also, daß Mensch und Tier von ihrer Physiologie, von ihrem Stoffwechsel her, mit der Fähigkeit zu fasten ausgestattet sind.

Kleine Kulturgeschichte des Fastens

Sowohl in der Geschichte der Medizin als auch in der Religionsgeschichte waren die Funktionen von „Heiler“ und „Priester“ fast immer in ein und derselben Person vereint. So war der Arzt, griechisch „latros“, lateinisch „medicus“, nicht nur für den Körper des Menschen, sondern auch für seinen Geist verantwortlich. Genausowenig war der Priester, lateinisch „sacerdos“, nur für das Seelenheil der ihm Anvertrauten verantwortlich, sondern besaß oft sehr gute Kenntnisse in der medizinischen Heilkunst. Aus dem Gedanken der „religio“ heraus, also der Verbindung des Menschen mit Gott, entstand in vielen Kulturen eine heilige Verbindung Gott – Priester – Arzt.

Daher ist der Ursprung der Fastentradition nicht nur auf materiell-körperlicher Ebene, aber auch nicht nur auf spirituellem Niveau zu suchen. Die bereinigende Wirkung des Fastens trägt bereits in ihren Wurzeln den Anspruch, sowohl Körper als auch Geist zu dienen.

Die Frage, wann und wo auf dieser Welt aus der instinktiven Nahrungsenthaltung ein bewußtes Fasten, also eine geistige, aktive Leistung entstanden ist, führt uns zu zahlreichen Quellen in den alten Kulturen.

Die Naturreligionen

Das Wort Fasten, das sich aus dem germanischen „fest“ im Sinne von festhalten an den Fastengeboten, herleitet, macht deutlich, daß es sich um einen freiwilligen Verzicht oder um eine verordnete medizinische Maßnahme, nicht aber um ein schicksalhaftes, auferzwungenes Hungern handelt.

In den Naturreligionen herrschte die Vorstellung, daß in allem Lebendigen, sowohl den Pflanzen, als auch den Tieren, magische Kräfte wohnen. Diese magischen Kräfte konnten für den Betreffenden einen stärkenden oder einen schwächenden, ja gar dämonischen Effekt in sich bergen. Man konnte zum Beispiel durch den Verzehr von Tierblut dämonische Kräfte in sich aufnehmen. Schwächende Kräfte, wie zum Beispiel Trauer oder Angst, machten die Seele des Menschen besonders anfällig, von Dämonen in Besitz genommen zu werden.

Somit lag die Vorstellung nahe, daß durch Meiden tierischer Nahrung ein hervorragendes Mittel zur Verfügung stand, um dämonische Besessenheit auszutreiben. Es fällt auf, daß im Fasten also immer körperliche und geistige Bereinigung aufeinandertreffen.

Der Hinduismus

In wohl einer der ältesten uns bekannten Weisheitslehren, dem Hinduismus, ist schon einige tausend Jahre vor Christus etwas detaillierter und anschaulicher nicht nur von der Nahrungsenthaltung, sondern auch von dem Gebot, richtige und reine Speisen zu sich zu nehmen, die Rede. Fügt man sich diesen Geboten nicht, so kann es sein, daß im ewigen Kreislauf des „Samsara", also der immer wechselnden Erscheinungsformen der Reinkarnation (Wiedergeburt), ein Mensch, der verbotenen Alkohol trinkt, seine Wiedergeburt als Käfer, als Wurm oder als Eidechse erlebt. Im Hinduismus bedeutet Fasten einen Teil der Religionsausübung. Die Hindus pflegen ein eintägiges Fasten während des fünften Monats, „Schiva-Fasten", sowie das Fasten im fünften Monat des Hindu-Jahres „Sravan". Aus dem gleichen Kulturkreis kommend, entwickelte **Mahawira,** der im 5. Jahrhundert vor Christus lebte, den Dschainismus (von „Jina" Sanskrit: „der Sieger"), eine Lehre, die der Seele durch Fasten und Meditation Erlösung bescheren sollte. Das Fasten wird als höchste Anbetungsform Gottes erlebt und erleichtert die Erlösung der Seele aus dem Geburtenkreislauf. Mahawira hielt es für besonders verdienstvoll, seinem Leben durch Fasten ein Ende zu setzen.

Heute wird im Dschainismus dieses tödliche Fasten nicht mehr gefordert. Die entscheidende Rolle spielt eine streng asketische Erlösungslehre. Diese beinhaltet als obersten Leitsatz das Verbot der Tötung aller lebenden Wesen. Andere Prinzipien sind Keuschheit, Verzicht auf Besitz, Wahrhaftigkeit und Gewaltlosigkeit.

Im Hinduismus kennt man den reinigenden Prozeß des Fastens schon seit Jahrtausenden

Der Buddhismus

Siddharta Gautama „Buddha" – der Erleuchtete – lebte um 550 bis 480 vor Christus. In jungen Jahren, er war gerade 29, verließ er Heimat, Frau und Kind, um durch Fasten auf dem Pfad der Erleuchtung voranzuschreiten.

Etwa sechs Jahre lang lebte er lediglich von Samen und Gräsern. Über die Askese hinaus widmete sich Siddharta nun der Meditation und entwickelte sich zu einem Buddha, einem Erleuchteten. Ziel seiner Lehre ist das Anstreben einer heiteren Gelassenheit in dem Wissen, daß alles vergänglich ist, alles fließt und sich alles wandelt.

In den von ihm formulierten vier edlen Wahrheiten vermittelt er einen ausgewogenen Weg zwischen Genuß und Askese.

Der Shintoismus

Die japanische Volksreligion des Shintoismus kennt Opfer und Gebete, die von den Göttern nur dann angenommen werden, wenn der Gläubige äußerlich und innerlich rein ist. Deshalb dient das Fasten als Prozeß zur innerlichen Läuterung bei der Vorbereitung auf kultische Handlungen.

Der Islam

Dem Religionsstifter des Islam **Mohammed** (570–632 n. Chr.) soll nach längerem Fasten der Koran offenbart worden sein. Der Monat dieser Offenbarung gilt als heilig und wird als Ramadan bezeichnet, was so viel bedeutet wie „sich in Ruhe befinden".

Dieser Fastenmonat wird noch heute in allen arabischen Ländern geachtet. Unter Ramadan verstehen wir den neunten Monat des muslimischen Mondjahres. Während dieser Zeit verzichtet der Gläubige vom Aufgang der Sonne bis zu ihrem Niedergang auf Essen und Trinken, auf das Rauchen von Tabak und auf Geschlechtsverkehr.

Außerdem fastet der Moslem während der Pilgerreise nach Mekka insgesamt zehn Tage.

Religiöses Fasten gehört also neben Beten und dem Geben von Almosen zu den Pflichten jedes gläubigen Moslems.

Besuch von Otto Buchinger jun. im Irak 1970

Der deutsche Fastenarzt Otto Buchinger jun. hat mit islamischen Freunden einmal das Ramadan-Fest absolviert:

„Freilich faste ich auch nachts strenger nach der uns geläufigen Buchinger-Weise".

1970 hält er in Bagdad vor der Iraki Medical Association einen Vortrag über das moderne Fasten. Dem Deutschen dünkt selber, in der Heimat des islamischen Fastens über eben dieses Thema zu sprechen, könne etwas Ähnliches sein wie die Anstrengung, Erdöl nach Irak zu tragen. Dennoch belehrt er die kuwaitischen, saudiarabischen, syrischen und türkischen Kollegen, er halte die islamische Fastenpraxis aus ärztlichen Gründen für reformbedürftig. Der Christ ruft es den Muslimen zu: „Fasten ist gut für Euch! Wenn Ihr es nur begreifen könntet!". So steht es über der zweiten Sure des Korans. Aber der deutsche Ruf in der Wüste verhallt ungehört.

Zitat aus „Die Zeit", Nr. 10,
1. März 1985

DIÄTVORSCHRIFTEN AUS DEM KORAN

- **Die Diät ist das Mittel erster Ordnung.**
- **Der Magen ist der Schlupfwinkel der Krankheit.**
- **Man bleibt niemals gesund, wenn man seinen Magen füllt.**
- **Man darf sich durch Essen und Trinken nicht verbrauchen.**
- **Zu viel Essen ist der Vater aller Übel. Die Beherrschbarkeit ist die Mutter aller Heilmittel.**

Griechen und Römer

Die Opferzeit für ihre Toten und die Sühnegötter bereiteten die Griechen durch Fasten vor. Bei Kulthandlungen zur Verehrung der griechischen Gottheiten Zeus, Poseidon, Hera, Demeter, Athene, Aphrodite und Apollo hatte die rituelle Nahrungsenthaltung einen festen Platz.

Die **Homer**schen Texte berichten zum Beispiel, daß Hades, der Gott der Unterwelt, Kore, die Tochter der Fruchtbarkeitsgöttin Demeter, entführte. Aus Protest fastete Demeter, die Erde wurde unfruchtbar, da die Göttin ihren Aufgaben nicht mehr nachkam. Die Hungersnöte auf der Erde verursachten Unruhe in der Götterwelt. Hades wurde gezwungen, Kore wieder freizulassen. In Erinnerung an diese erfolgreiche Befreiung fasteten die Griechen im Frühjahr und Herbst und begingen so das Fest der eleusinischen Mysterien, benannt nach der Stadt Eleusia, wo Kore nach ihrer Entführung freigelassen worden war.

Pythia, die bekannte Wahrsagerin des Orakels von Delphi, schärfte ihren Blick in die Zukunft durch Fasten vor Verkündigung eines Spruches.

Auch die antiken Philosophenschulen entwickelten ihre Fastentraditionen, sowohl die eher genußorientierten **Epikureer** als auch die **Neuplatoniker, Stoiker** und die **Kyniker.**

Pythagoras – einigen vielleicht durch seinen geometrischen Lehrsatz noch im Ohr – ließ seine

> **„Der Geist erkennt das Innerste der Natur aller Dinge, wenn er vorbereitet durch Nüchternheit in Essen und Trinken Nachtwache hält."**
> **Cicero (106–43 v. Chr.)**

Schüler zur Schärfung ihres Verstandes vierzig Tage fasten.
Bei den Römern bereiteten sich Priester und Priesterinnen durch Fasten auf die Begegnung mit der Gottheit vor. Auch der römische Philosoph **Seneca** und der Staatsmann **Cicero** setzten Fasten zur Steigerung ihrer geistigen Leistungsfähigkeit ein.

Der jüdisch-christliche Kulturkreis

Der Verkünder der zehn Gebote, **Moses,** und der Prophet **Elia** fasteten jeweils vierzig Tage.
Von **Esther** ist überliefert, daß sie durch dreitägiges Fasten zusammen mit ihrem Volk den Perserkönig umstimmen und die Vernichtung des jüdischen Volkes abwenden konnte.
Im alten Juda lebten auch die Sekten der **Essener** und **Nasiräer** streng vegetarisch und pflegten Fastenzeiten bis zu vierzig Tagen.
Wer das Fasten in der christlichen Tradition verfolgt, stößt zuerst auf das vierzigtägige Fasten **Jesu** in der Wüste als Vorbereitung auf seinen öffentlichen Weg.
In der Bibel wird der Begriff „Fasten“ unterschiedlich verwendet. Wir finden darunter folgende Anleitungen:

- den Verzicht auf Nahrung und Flüssigkeit für maximal drei Tage, was einem gesunden Menschen durchaus möglich ist
- den Verzicht auf feste Nahrung, aber Zufuhr von Flüssigkeit, wie zum Beispiel bei Jesus
- den Verzicht auf bestimmte Speisen und Getränke, wie zum Beispiel Fleisch, Wein etc.

Auch die Kirchenväter betonen immer wieder die günstige Wirkung des Fastens auf Leib und Seele.
Von den kirchlich verordneten Fastenzeiten haben sich in der katholischen Kirche nur Tage eingeschränkter Nahrungsaufnahme wie Aschermittwoch und Karfreitag erhalten. Dabei darf eine volle Mahlzeit eingenommen werden, jedoch keine Fleischspeise. Dieses Gebot gilt für alle, die das 21. Lebensjahr vollendet und das 60. noch nicht begonnen haben.

> **Wer betet, ohne erhört zu werden, muß zu fasten beginnen.**
> **Talmud**

„Siehe da, was das Fasten wirkt.
Es heilt Krankheit,
trocknet die überschüssigen Säfte im Körper aus,
vertreibt die bösen Geister,
verscheucht verkehrte Gedanken,
gibt dem Geist größere Klarheit,
macht das Herz rein,
heiligt den Leib und führt schließlich den Mensch vor den Thron Gottes."
Athanasios, Bischof von Alexandria (um 295–373 n. Chr.)

„Das Fasten ist die Speise der Seele. Wie die körperliche Speise stärkt, so macht das Fasten die Seele kräftiger und verschafft ihr bewegliche Flügel, hebt sie empor und läßt sie über himmlische Dinge nachdenken, indem es sie über Lüste und die Freuden des gegenwärtigen Lebens erhaben macht.
Wie leichte Fahrzeuge das Meer schneller durchqueren, schwerbelastete Schiffe aber untergehen, so macht das Fasten die Gedanken leichter."
Johannes Chrysostomus, Bischof und Patriarch von Konstantinopel (344/54–407 n. Chr.)

„Fasten heilt die Leiber und befriedigt die Seelen."
Johannes Klimakos, Abt des Sinai-Klosters (vor 579–649 n. Chr.)

FASTEN IN DER GESCHICHTE DER MEDIZIN

Wie wir gesehen haben, verläuft die Grenze zwischen rituell religiösem und heilendem Fasten fließend.

Das Fasten als zentrale Heilmethode finden wir schon in den diätetischen Richtlinien von **Hippokrates,** dem griechischen Arzt und Begründer der wissenschaftlichen Heilkunde. Während des Fastens war nur das Trinken von Honigwasser erlaubt. Je bedrohlicher sich das Krankheitsbild entwickelte, desto strenger wurde die Nahrungskarenz durchgeführt.

> **„Eure Nahrung sei Euer Pharmakon, und Euer Heilmittel sei Eure Nahrung. Die vornehmste und wirkungsvollste Art aber, Euren inneren Arzt wirken zu lassen, besteht im Weglassen aller Nahrung, also in der Entsorgung des Körpers und dem damit verbundenen Wachwerden wunderbarer Heilkräfte."**
> **Hippokrates, griechischer Arzt (um 460–375 v. Chr.)**

Die Schule der **Dogmatiker** verwendete das Fasten anstelle von Aderlaß.

Esistratos wandte das Fasten bei entzündlichen Krankheiten und Bluthusten an.

Die Methodiker mit ihrem Begründer, dem griechischen Arzt **Asklepiades** (124 bis um 60 v. Chr.), behandelten Fieberkranke durch Fasten, zunächst drei Tage, dann am sechsten, achten und zehnten Krankheitstag, unterstützt durch Spaziergänge und Bewegung.

Der römische Arzt griechischer Herkunft **Galen** (130–199 n. Chr.), der Leibarzt von Marc Aurel, begründete die sogenannte Säftelehre, die „Humoralpathologie", die die Medizin bis ins 19. Jahrhundert bestimmen sollte. Blut, Schleim, gelbe und schwarze Galle bezeichnete er als die Grundsäfte des Körpers. Beim Fasten verbot er auch die Aufnahme von Flüssigkeit, dies war wohl der Beginn der Durstkuren.

Der Ordensgründer der Benediktiner, **Benedikt von Nursia** (470–547), übernahm Galens Säftelehre und Heilmethodik in die Klostermedizin.

Die Benediktinerin **Hildegard von Bingen** (1098–1179) empfiehlt an über vierzig Stellen ihrer Schriften das Fasten als ein ursächliches Heil-

„Wer auf dieser Welt der Vergnügungssucht anhängt, dann aber die Einflüsterung dieser diabolischen Kunst ablegen möchte, der soll sein Fleisch je nach der Art und dem Grad seiner Verfehlung durch Fasten züchtigen."
Hildegard von Bingen (1098–1179)

mittel gegen insgesamt 40 krankmachende Laster, zum Beispiel:

- Ausgelassenheit (petulantia)
- Schlemmerei (ingluviens ventri)
- Wollust (luxuria) und
- Bequemlichkeit (torpor)

In unseren modernen medizinischen Sprachgebrauch übersetzt, hat Hildegard hier kardiovaskuläre Risikofaktoren aufgezählt, die zum Beispiel einem Herzinfarkt Vorschub leisten.

Der deutsche Geistliche und Naturheilkundige Sebastian Kneipp (1821–1897)

Der Mönch und Philosoph **Roger Bacon** (1214–1294) empfahl als Hilfe gegen Altersbeschwerden alle zwei oder drei Jahre zu fasten.
Im Mittelalter prägte **Theophrastus Bombastus von Hohenheim** (1493–1541), genannt **Paracelsus,** den Begriff des „Inneren Arztes" Archäus, der die Selbstregulierungsmechanismen des Körpers steuert.
Auch der arabische Arzt **Avicenna** (980–1037) empfahl Fastenkuren.
Friedrich Hoffmann, Leibarzt des ersten Preußenkönigs, schrieb das Fastenbuch „Wie man schwere Krankheit durch Mäßigung und Fasten kurieren kann." Es handelte sich dabei um Molkekuren.
Im 17. und 18. Jahrhundert waren Fasten- und Entgiftungskuren weit verbreitet.
Johannes Schroth (1798–1855) kombinierte eine vegetarische Diät mit Trocken- und Trinktagen. Seine Schroth-Kur wird auch heute noch angewandt.
Sebastian Kneipp (1821–1897) empfiehlt das Fasten ganz besonders bei akuten Infektionskrankheiten.
Vom amerikanischen Arzt **Edward Hooker Dewey** (1840–1904) stammt das Buch „Das heilende Fasten", das europaweit Beachtung fand. Er beschreibt Fastenkuren bis zu 35 Tagen.
Dr. H. Tanner führte 1880 in Amerika einen wissenschaftlich begleiteten Selbstversuch über 40 Tage Fasten durch.

Herbert Shelton, ein Schüler Deweys, begründete die „Natural Hygiene“-Fastenbewegung.

Im weiteren Verlauf der abendländischen Fastentradition stoßen wir auf den Franzosen **Guelpa,** der der Darmreinigung mit Glaubersalz besonderen Wert beimaß.

Der Österreicher **Franz Xaver Mayr** (1875–1965) betrachtete den Darm als Wurzel allen Übels. Er beschreibt sowohl ein Teefasten als auch eine Diät aus Milch und altbackenen Semmeln. Durch die Säuberung, Schonung und Schulung des Darmes sollte die Genesung erreicht werden. In Deutschland waren Anfang dieses Jahrhunderts die führenden Fastenärzte **Gustav Riedlin** in Freiburg und **Siegfried Möller** in Dresden.

Der Marinesanitätsoffizier **Otto Buchinger** (1878–1966) wurde im Alter von vierzig Jahren als Vollinvalide aus dem Militärdienst entlassen, weil er nach einer Mandelentzündung an chronischem Gelenkrheuma litt. Ein Laie riet ihm zu einer Fastenkur bei Riedlin in Freiburg, die mit heftigem Verlauf, aber großem Erfolg absolviert wurde: Er konnte wieder alle Gelenke bewegen. Von seinen Gallenbeschwerden befreite ihn eine zweite Fastenkur bei Möller in Dresden. Er blieb danach gesund und arbeitsfähig. Von diesem Erfolg tief beeindruckt, widmete er sein Leben der Fastentherapie und gründete mehrere Fastenkliniken. Sein bekanntestes Buch „Heilfasten“ erschien 1935.

Ebenfalls aus eigener leidvoller Erfahrung gelangte **Erich von Weckbecker** (geb. 1920), mit 30 Jahren nahezu berufsunfähig, über eine Kneipp-Kur und über Kontakte zu **Are Waerland** schließlich zum Heilfasten. Dieser schwedische Diätetiker leitete die nach ihm benannte laktovegetabile Kostform mit einer kurzen Fastenphase ein. Erich von Weckbecker führte in Bad Wörishofen wissenschaftliche Untersuchungen über Kneippsche Anwendungen durch und lernte F. X. Mayr noch persönlich kennen. In seine kombinierte Fastentherapie, die er seit 1954 in Bad Brückenau an der von ihm gegründeten Klinik durchführt, fließen auch Kneippsches, Mayrsches und Buchingers Gedankengut ein.

HEILFASTEN HEUTE

Was verstehen wir heute unter dem Begriff „Heilfasten“? Welchen Platz nimmt es in der modernen Medizin ein? Diese und weitere Fragen werden wir in den folgenden Kapiteln beantworten.

Die Definition des Heilfastens der Ärztegesellschaft für Heilfasten und Ernährung lautet:
Heilfasten bedeutet den freiwilligen Verzicht auf feste Nahrungs- und Genußmittel für eine begrenzte Zeit.
Unverzichtbar sind dabei:
- eine reichliche Flüssigkeitszufuhr (kalorienfrei)
- die Förderung aller Ausscheidungsvorgänge des Körpers und
- das Einstellen eines Gleichgewichts zwischen Bewegung und Ruhe

Beim richtig durchgeführten Fasten sind wir frei von Hungergefühl und bei guter bis sehr guter Leistungsfähigkeit.
Ein methodisch falsch durchgeführtes Fasten birgt allerdings nicht zu unterschätzende gesundheitliche Risiken.

Was passiert im Körper während der Fastenzeit?

„Herr Doktor, ich soll gar nichts essen, da verhungere ich doch!“ ruft der Patient beunruhigt.
Die Energieträger unserer Nahrung sind Kohlenhydrate, Eiweiß (Protein) und Fett. Aus diesen Stoffgruppen gewinnt der menschliche Körper durch eine schrittweise „Verbrennung“ die 2000 bis 2800 Kilokalorien (kcal), die wir je nach körperlicher Belastung täglich brauchen. Beim Fasten beträgt nun die Energiezufuhr über die Nahrung nur 180 bis 200 Kilokalorien (beim Saftfasten) – der Körper stellt sich deshalb weitgehend um auf die Selbstversorgung aus Speichern und auf „Müllverbrennung“. Dabei zeigt die Erfahrung, daß unser innerer Arzt, von Paracelsus Archäus genannt, weise darüber wacht, daß vorrangig Überflüssiges, eher Schädliches zur Energiegewinnung abgebaut wird.
Die ersten zwei Fastentage gewinnt der Körper seine Energie vornehmlich aus den gespeicherten Kohlenhydraten, dem Glykogen der Leber, das zum Betriebsstoff Zucker (Glukose) abgebaut wird. Dieser Speicher leert sich jedoch schnell. Bereits am zweiten Tag beginnt das Einschmelzen der Fettdepots. Da dieser Fettabbau allmählich anläuft, wird vorübergehend verstärkt Eiweiß zur Energiegewinnung herangezogen. Aus den Forschungsarbeiten von Professor Wendt wissen wir, daß speziell bei der heutigen „Eiweißmast“ diese Proteine im Binde-

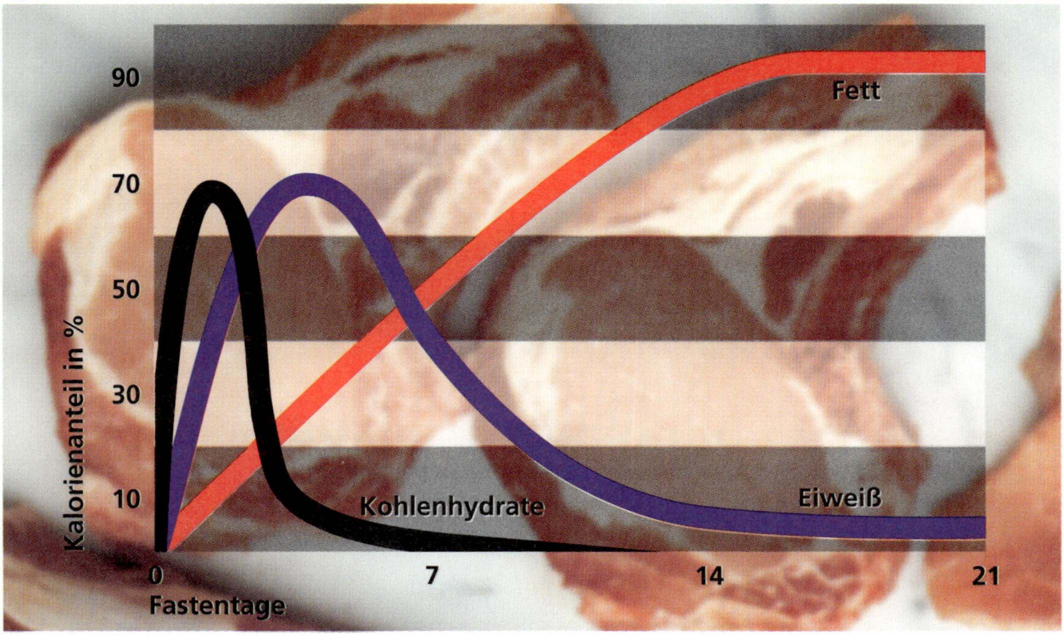

Bei längerem Fasten verbrennt der Körper vor allem die Fettreserven zur Energiegewinnung für den Stoffwechsel

gewebe (dem Raum zwischen den Zellen, der sogenannten Grundsubstanz nach Pischinger) gespeichert werden. Auch die Membranen zwischen den Zellen, die sogenannten Basalmembranen, verdicken sich durch Eiweißeinlagerung – die Durchtrittsöffnungen für den Stoffaustausch, die Poren, werden wie bei einem verkalkten Duschkopf kleiner und weniger. Ein Abbau dieses Eiweißüberschusses durch das Fasten ist also positiv zu bewerten. Beim Fasten legen wir großen Wert auf ein gezieltes Ausdauer-Bewegungstraining, um das Muskeleiweiß zu schonen: Ein bewegter Muskel wird nicht abgebaut – im Gegenteil, er erstarkt. „Use it – or loose it", wie die Amerikaner sagen.

Im weiteren Fastenverlauf wird das Fett zum Hauptenergielieferanten. Die Fettsäuren werden abgebaut zu sogenannten Ketosäuren (zum Beispiel zur Betahydroxybuttersäure). Das Wunder besteht nun darin, daß der Körper lernt, selbst so wählerische Organe wie das Gehirn, das sonst ausschließlich mit Glukose gespeist wird, auf Ketosäureverwertung umzustellen. Dies ist das wesentliche Kennzeichen des Fastenstoffwechsels. Diese Umschaltung auf innere Ernährung erfolgt bei den üblichen Reduktionsdiäten nicht.

Im Fastenverlauf startet der Körper ein umfangreiches Sparprogramm, zum Beispiel wird Eiweiß in immer geringerem Umfang abgebaut, die Mineralausscheidung geht zurück, so daß die Blutspiegel in der Regel konstant gehalten werden. Man nimmt an, daß der Vitaminbedarf während des Fastens durch die Einsparung der Verdauungsarbeit geringer wird. Insbesondere die bessere Leistungsfähigkeit nach dem Fasten spricht gegen negative Stoffwechseleffekte des Fastens.

Auch die beim Fasten durch vermehrten Zellkernabbau und Behinderung der Ausscheidung durch die Ketonkörper ansteigende Harnsäurekonzentration macht bei ausreichender Flüssigkeitszufuhr keine Probleme. Nur bei Gelenk- und Gichtpatienten müssen spezielle medikamentöse Vorsichtsmaßnahmen getroffen werden, da sich bei ihnen Harnsäurekristalle im Körper bilden können, die dann charakteristische Schmerzen auslösen.

Warum ist Fasten aktuell wie nie zuvor?

Wie unser abgebildeter Mitbürger unschwer erkennen läßt, prägen überkommene Traditionen und unser geliebter Wohlstand ein falsches Eßverhalten. Er ißt zu viel, zu fett, zu kalorienreich, zu nährstoffarm und zu ballaststoffarm. Dazu gönnt er sich reichlich Genußgifte wie Nikotin, Alkohol, Kaffee und dergleichen. Das alleine wäre schon schlimm genug. Darüber hinaus aber geht der moderne Mensch, wo er nur kann, körperlicher Bewegung aus dem Weg. Er begräbt sich unter einer Last von Terminen, und Entspannung kennt er nur vor dem Fernseher.

Seine körperlichen und seelischen Bedürfnisse bewußt wahrzunehmen, hat er einfach nicht gelernt. So vermag er auch nicht, warnende Alarmsignale von Körper und Seele zu erkennen.

Die moderne Medizin macht es ihm dabei auch nicht leichter. Für jeden verzweifelten Hilferuf des Körpers (zum Beispiel hoher Blutdruck oder Hautausschlag) bietet sie die passende Pille oder Salbe. Der Arzt unterwirft sich notgedrungen dem Zwang, den Patienten möglichst schnell, ohne eine Änderung der Lebensführung, beschwerdefrei zu machen. Gutes Ansehen genießt ja bei vielen Patienten nur der Arzt, der teure Medikamente verabreicht und neueste blitzende und blinkende Geräte in seiner Praxis verwendet. Der ohnehin geschwächte Organismus soll nun noch zusätzlich den Abbau und die Ausscheidung vieler chemischer Präparate leisten, deren Wechselwirkungen untereinander oft unüberschaubar werden. Auf diese Weise wird bei unseren armen Kranken das Birnchen des Alarmlichts herausgeschraubt, der Grund für den Alarm aber nicht beseitigt. Sehr schön erläutern lassen sich diese Zusammenhänge am gemeinsamen Auftreten von Stoffwechselstörungen, wie Bluthochdruck, Bauchfettsucht, Blutzuckererhöhung und Blutfettanstieg. Die Mediziner nennen dies zusammenfassend das „metabolische Syndrom".

Das metabolische Syndrom

Zum leichteren Verständnis ein kurzer Ausflug in die Biochemie des Zuckerstoffwechsels:
Der Botenstoff **Insulin** aus den Inselzellen der Bauchspeicheldrüse schließt wie ein Schlüssel die Zellmembranen auf, um Zucker, den Brennstoff für zelluläre Stoffwechselvorgänge, einzulassen.
Die Zelle ihrerseits hat die Fähigkeit, mehr oder weniger Schlösser,

Unser traditionelles Ernährungsverhalten hat in den letzten Jahrzehnten zu einem dramatischen Anstieg der „Wohlstandskrankheiten" geführt

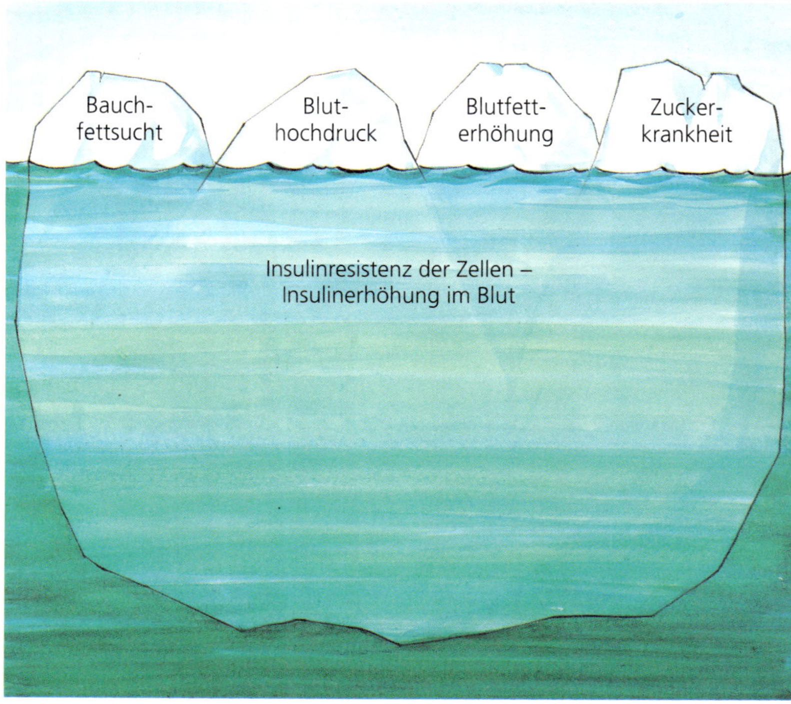

Bauchfettsucht, Bluthochdruck, Blutfetterhöhung und die altersbedingte Zuckerkrankheit (Diabetes mellitus Typ II) sind Folgeerscheinungen einer zu hohen Zucker- und Insulinkonzentration im Blut

wir nennen sie Rezeptoren, auszubilden – je nach Energiebedarf. Wenn nun, wie in unserer Wohlstandsgesellschaft üblich, der Muskelzelle zu viel Zucker angeboten wird, der durch Bewegungsmangel nicht verbraucht werden kann, bilden sich viele Rezeptoren zurück. Der Blutzucker steigt an, die Zuckererkrankung wird manifest, sie wird meßbar.

Verzweifelt versucht nun die Bauchspeicheldrüse, vermehrt Insulin zu liefern, um den hohen Blutzuckerspiegel abzubauen. Der Botenstoff findet jedoch keine passenden Schlösser.

Wir sprechen in diesem Fall von einer erworbenen Insulinresistenz der Körperzellen.

Da die Insulinmoleküle nicht verbraucht und abgebaut werden, steigt auch der Insulinspiegel im Blut an. Eine sogenannte Hyperinsulinämie entsteht. Eine Folge davon ist, daß im Körper vermehrt Kochsalz zurückgehalten wird, das sehr viel Wasser bindet, und dadurch ein erhöhter Blutdruck entsteht.

Durch die zu hohe Energiezufuhr über das Essen bildet sich eine Bauchfettsucht aus, und die Blutfettwerte steigen an.

Es gibt nun Menschen, die angeboren zu einer Insulinresistenz neigen, aber so lange sie sich vernünftig ernähren und bewegen, dadurch keine gesundheitliche Beeinträchtigung erfahren. Erst bei einer zu hohen Nahrungszufuhr werden die

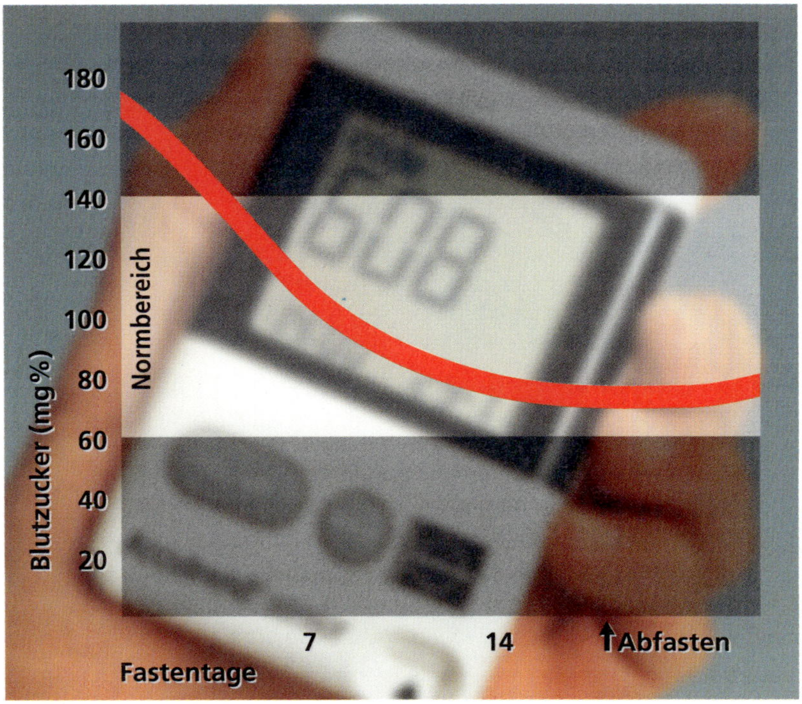

Wird der Blutzuckerspiegel durch Fasten normalisiert, verbessern sich alle Folgeerkrankungen des metabolischen Syndroms erheblich

„Eisberge" (siehe Bild) über dem Wasserspiegel als Ausdruck der genetischen Störung sichtbar. Da diese Veränderung meist erst in höherem Lebensalter auftritt, sprechen wir von „Alterszucker" (Diabetes mellitus Typ II).

Bisher versuchte man, jede einzelne Störung mit einem geeigneten Medikament zu behandeln. Blutfette, Blutdruck und Blutzucker sollten mit verschiedenen Tabletten gesenkt werden.

Das Heilfasten packt die Krankheit „metabolisches Syndrom" an ihrer Wurzel. Es erlaubt der Insulinresistenz, sich zurückzubilden. Der Schlüssel paßt somit wieder ins Schloß, der Blutzuckerspiegel sinkt. Nach einer Fastenphase können blutzuckersenkende Medikamente reduziert, manchmal sogar ganz abgesetzt werden. Die Blutfette normalisieren sich. Das Fettgewebe bildet sich zurück. Der Blutdruck sinkt auf Normalwerte. Die Medikamente können meist ausschleichend abgesetzt werden.

Entscheidend für den Langzeiterfolg ist natürlich, daß der Patient die Zusammenhänge begreift, sich langfristig vernünftig ernährt und fleißig sein tägliches Bewegungspensum absolviert.

Begleiten Sie uns nun auf einem Streifzug durch die verschiedenen Fachgebiete der Medizin, und Sie werden erstaunt erkennen, wie viele Erkrankungen sich durch das Fasten vermeiden oder bessern lassen.

Herz-Kreislauf-Erkrankungen

Bleiben wir doch nach der Betrachtung des metabolischen Syndroms bei der Inneren Medizin und da bei der Haupttodesursache der Bundesbürger – den Herz-Kreislauf-Erkrankungen, an denen heute über die Hälfte der Deutschen stirbt.

Wir verstehen darunter im wesentlichen Veränderungen des arteriellen Systems, also der Blutgefäße, die das sauerstoffreiche Blut führen, und sprechen dabei von Arteriosklerose (von griechisch skleros: hart). Unser sonst so elastisches Schlauchsystem wird also durch Ablagerungen hart und spröde. Wie kommt es dazu? Welche unheilvollen Entwicklungen laufen in den Blutgefäßen ab?

Wird die zarte Gefäßinnenhaut geschädigt, zum Beispiel durch einen erhöhten Blutdruck, können an dieser verletzten Stelle Zellen aus dem Blut einwandern (Monocyten), die sich in Freßzellen (Makrophagen) umwandeln. Sie nehmen begierig Fett auf, und werden so zu den sogenannten Schaumzellen. Um die verletzte Stelle zu reparieren, produziert der Körper Wachstumshormone – die Muskelzellen der Arterienwand wuchern. Blutplättchen lagern sich an der geschädigten Stelle an, es entstehen kleine Blutgerinnsel (Thromben).

Diese zunächst fleckförmigen Veränderungen (Plaques) breiten sich allmählich aus, können als Fettgeschwüre aufbrechen, Kalk nistet sich ein. Das Teuflische daran: Dies geschieht völlig unbemerkt, da es keinen Schmerz erzeugt. Wenn Sie sich in der Küche mit dem Messer schneiden, sagen Sie: „Oh, da muß ich sofort ein Pflaster draufkleben, damit keine Infektion reinkommt.“ Wenn aber in Ihrem Inneren langsam gefährliche Veränderungen ablaufen, bemerken Sie leider lange Zeit nichts davon. Bis die ersten Symptome auftreten, kann das betroffene Blutgefäß schon fast vollständig verschlossen sein, wie bei einem verkalkten Abflußrohr. Führt nun ein Blutgerinnsel oder ein Engstellen des Gefäßes durch Ärger oder Streß zu einem völligen Verschluß, spricht man vom Infarkt (vom Lateinischen „in-farcire“, was „hineinstopfen“ bedeutet).

Die Schmerzen sind's, die ich zu Hilfe rufe, denn sie sind Freunde, Gutes raten sie. (Goethe, „Iphigenie“)

Dieser Infarkt kann überall im Gefäßsystem auftreten, je nachdem, wo die Schwachstellen sitzen: zum Beispiel am Herzen oder im Gehirn. Man spricht beim Hirninfarkt dann auch vom „Schlaganfall“.

Das Fasten durchbricht nun an verschiedenen Stellen diesen Teufelskreis. Zum einen bieten wir ja dem Körper nur wenig Energie an. Gierig nach Brennstoff, verbraucht er auch die fettigen Einlagerungen in den Gefäßen zur Erzeugung der Stoffwechselenergie. Deutlich wird dies am Rückgang der sauerstoffmangelbedingten Beschwerden, wie zum Beispiel Herzenge (Angina pectoris, lateinisch: Enge der Brust) bei Verengungen der Herzkranzgefäße oder Beinschmerzen während des Gehens (Claudicatio intermittens, lateinisch: vorübergehender Verschluß) bei der arteriellen Verschlußkrankheit.

Risikofaktoren erster Ordnung

Das Fasten beeinflußt zum anderen aber auch die Risikofaktoren günstig, die zur Arteriosklerose beitragen. Wir unterscheiden Risikofaktoren erster Ordnung, von denen jeder für sich allein Arteriosklerose hervorrufen kann, das sind:

- zu hohe Blutfettwerte (Hypercholesterinämie)
- Rauchen
- Bluthochdruck (Hypertonie)

Überhöhte Blutfettwerte (Hypercholesterinämie)

„Habe ich Cholesterin, Herr Doktor?“ – „Hoffentlich“, antworten wir unserem verdutzten Patienten. Cholesterin darf nicht generell verteufelt werden. Es ist lebensnotwendig als

- Baustein für die Zellmembranen
- Ausgangsstoff für die Synthese von Hormonen
- Ausgangsstoff für die Synthese von Vitamin D
- Ausgangsstoff für die Synthese von Gallensäure

Entscheidend ist wie immer die richtige Dosis.

Cholesterin als fettige Substanz würde sich ohne Lösungsvermittler im Blut wie ein Fettauge auf der Suppe von der übrigen Flüssigkeit absondern. Deshalb vermitteln Eiweißstoffe und andere Bestandteile die Löslichkeit. Diesen Verbund aus Cholesterin, Fett und Eiweiß nennt man **Lipoproteine.**

Zentrifugiert man diese Stoffe, setzt sie also gesteigerter Schwerkraft aus, teilen sie sich nach ihrer Masse auf – die leichten setzen sich oben ab, das sind die low density lipoproteins (LDL), die schweren unten, sie werden als high density lipoproteins (HDL, Fett-Eiweiß-Verbindung hoher Dichte) bezeichnet.

Als Gefäßschutzfaktor haben sich die schweren Lipoproteine erwiesen. Das LDL entpuppt sich als der eigentliche Bösewicht, und zwar besonders in seiner oxidierten aggressiven Form (das heißt, ein Elektron wurde ihm weggenommen).

Günstige Blutfettwerte	
Gesamt-Cholesterin	< 200 mg/dl
Triglyzeride	< 170 mg/dl
High density lipoprotein (abgekürzt HDL)	> 35 mg/dl
Low density lipoprotein (abgekürzt LDL)	< 150 mg/dl

Dieses oxidierte LDL ist das Futter für die oben geschilderten Freßzellen bei der Entstehung der Arteriosklerose.

Beträgt also das Gesamt-Cholesterin 250 Milligramm pro Deziliter (mg/dl), kann der Befund Anlaß zur Sorge geben, wenn HDL niedrig und LDL erhöht ist. Umgekehrt sind ein hohes HDL und niedriges LDL bei gleichem Gesamt-Cholesterin nicht so bedenklich.

Durch das Fasten sinken sowohl der Gesamt-Cholesterinspiegel als auch die Neutralfette (Triglyzeride), die im Blut zum Beispiel nach einer fettreichen Nahrung oder starkem Alkoholkonsum ansteigen. Die Verteilung der „guten und schlechten" Blutfette bessert sich, HDL steigt an, LDL sinkt ab. In genau der gleichen Weise wirkt sich übrigens ein Ausdauerbewegungstraining auf die Blutfettwerte aus.

„Wie ist es denn, Herr Doktor, wenn ich nach meiner Fastenkur wieder normal esse?" – „Den Langzeiterfolg haben Sie selbst in der Hand – mit Messer und Gabel", ist die Antwort.

Die sogenannte „normale Kost" hat ja die Patienten in ihre mißliche Lage gebracht. Deswegen setzen wir alles daran, durch intensive Ernährungsberatung und Motivation zum Ausdauertraining den Patienten den Weg zum Langzeiterfolg zu ebnen. Da Streß zu einem Cholesterinanstieg im Blut führen kann, spielen auch Entspannungstechniken wie das autogene Training eine entscheidende Rolle.

Machen Sie sich schon während des Fastens Gedanken, was Sie an Ihrer Diaita = Lebensführung verändern können.

Rauchen

Beim Fasten haben Sie die einzigartige Chance, den gefährlichen Ballast Rauchen über Bord zu werfen. Übereinstimmend berichten die Patienten, daß die Zigarette nicht mehr so gut schmeckt. Manchem wird sogar erbärmlich übel.

Überhaupt fehlt in einer Klinik, in der Rauchen verboten ist, der rituelle Rahmen, der den Zigarettenkonsum ach so schön macht. Und das Hauptargument vieler Raucher: „Wenn ich aufhöre zu rauchen, nehme ich an Gewicht zu", verliert beim Fasten seine Schlagkraft.

Unterstützend helfen autogenes Training, Atemgymnastik und eine Gesprächstherapie: „Mögen Sie sich so wenig, daß Sie sich auf Raten umbringen wollen?"

Sehr wichtig ist es, das rauchfreie Leben nach dem Fasten schon während der Fastenzeit zu organisieren, also Familie, Freunden und Arbeitskollegen mitzuteilen, daß Sie nicht mehr rauchen und um Unterstützung bitten.

Wenn die üblichen Verführer locken: „Ach, eine ist doch keine", „Heute habe ich Geburtstag" oder „Es ist doch so gemütlich", blocken Sie sie sofort mit einer Abwehrformel ab, die Sie sich fest eingeprägt haben, zum Beispiel: „Rauchen ist eklig und zerstört meinen Körper."

Die meisten Patienten nehmen die Gelegenheit dankbar wahr, von dieser Sucht befreit zu werden und schaffen nach dem Fasten den Sprung ins dauerhaft rauchfreie Leben. An der anfänglich verstärkten reinigenden Schleimproduktion

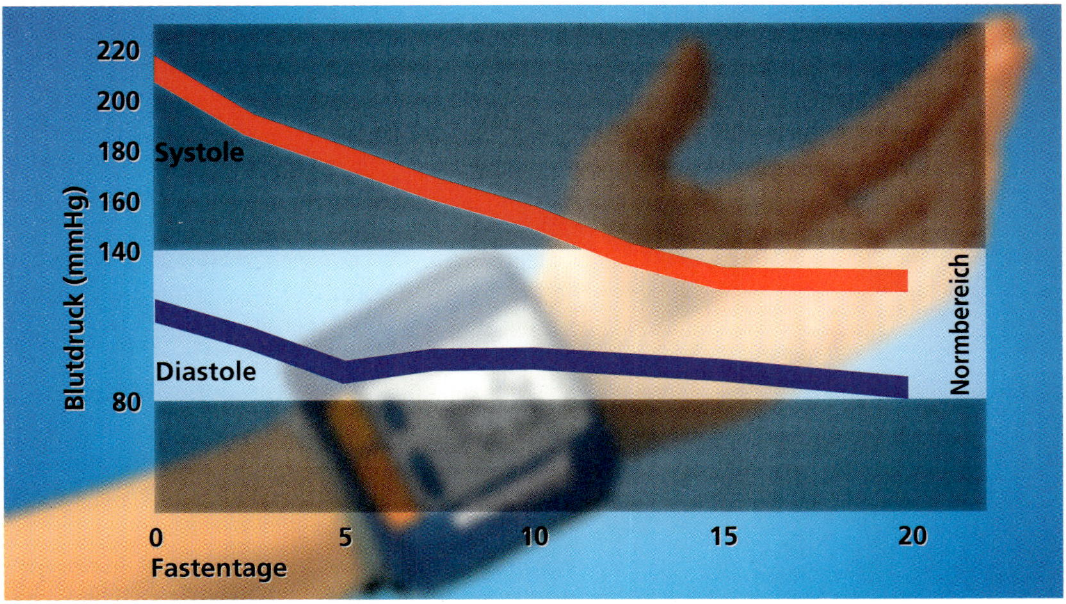

Fasten senkt überhöhten Blutdruck, indem es mehrere Regelkreise des Körpers günstig beeinflußt

erkennen Sie, was Sie Ihrer Lunge und den Atemwegen vorher so lange an Verschmutzung zugemutet haben.

Bluthochdruck

Immer wenn Ärzte nicht wissen, welche Ursache sich hinter einer Krankheit verbirgt, belegen sie diese flugs mit einem lateinisch-griechischen Beinamen, wie zum Beispiel „essentiell", „idiopathisch", „kryptogenetisch" oder „primär". So fühlen sich über 90% der Hochdruckpatienten mit ihrer Krankheitsbezeichnung „essentielle Hypertonie" hervorragend diagnostiziert. Wie wir schon beim metabolischen Syndrom erläutert haben, handelt es sich beim Bluthochdruck um eine komplexe Stoffwechselstörung, die durch Gabe eines blutdrucksenkenden Mittels nur übertüncht wird.

Fasten nimmt auf biologische Weise das gesamte Konzept der aktuellen medikamentösen Behandlung vorweg.

Fasten wirkt:

- entwässernd
- kochsalzausscheidend
- gefäßentspannend
- psychisch beruhigend
- verbessernd auf die Nierendurchblutung und dadurch regulierend auf die Hormone des Wasserhaushalts (Renin, Angiotensin, Aldosteron)

Fasten sollte also nicht erst zum Einsatz kommen, wenn alle möglichen Medikamente schon versagt haben, sondern zur Therapie der ersten Wahl werden.

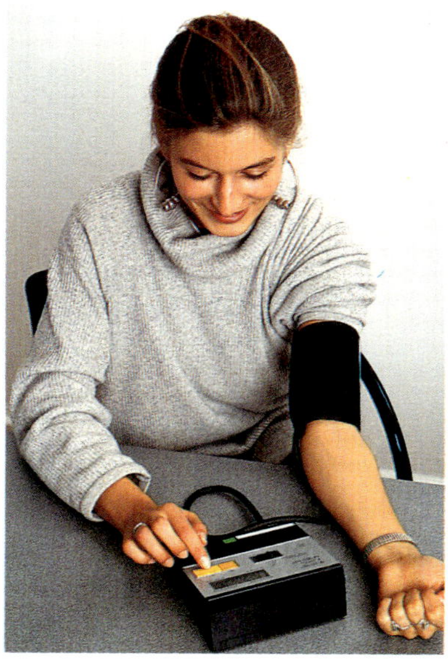

Bei den meisten Menschen mit Bluthochdruck ist die Ursache nicht bekannt, man spricht dann von einer essentiellen Hypertonie

Sind die Patienten schon auf Blutdruckmedikamente eingestellt, wird in der Fastenklinik während des Fastens der Blutdruck sorgfältig kontrolliert. Mit dem allmählichen Rückgang der Blutdruckwerte wird auch die Medikation schrittweise reduziert und kann häufig ganz abgesetzt werden. Auf wassertreibende Präparate verzichten wir möglichst von Anfang an, um zu große Flüssigkeits- und Mineralverluste zu vermeiden. Diese Maßnahmen können aber nur unter ständiger ärztlicher Betreuung durchgeführt werden.

Risikofaktoren zweiter Ordnung

Zu den Faktoren, die Herz-Kreislauf-Erkrankungen fördern und beschleunigen können, zählen weiterhin:

- Zuckerkrankheit (Diabetes mellitus)
- Übergewicht (Adipositas)
- Bewegungsmangel
- psychosoziale Überlastung
- zu dickflüssiges Blut

Diese Belastungen entfalten ihre schädigende Wirkung jeweils nur in Kombination mit einem oder mehreren anderen Faktoren.
Das Fasten beeinflußt auch diese Risikofaktoren günstig.

Zuckerkrankheit (Diabetes mellitus)

Wir unterscheiden beim Diabetes zwei Hauptformen, den Typ I, den jugendlichen Diabetes, und den Typ II, den sogenannten „Alterszucker“. Beim Typ I werden die insulinproduzierenden Zellen der Bauchspeicheldrüse zum Beispiel durch eine Viruserkrankung oder autoimmunologische Schädigung (das Abwehrsystem des Körpers greift das eigene Gewebe an) zerstört. Die Patienten sind deshalb lebenslang auf die Verabreichung von Insulin angewiesen.
Es drohen Spätkomplikationen an Augen, Nieren und Herzkranzgefäßen. Diese Patienten können eventuell schon vorhandene Gefäßablagerungen durch Fasten abbauen, erhöhtes Körpergewicht ver-

mindern und dadurch Insulin einsparen. Während des Fastens muß in der Regel eine geringe Basisdosis Insulin weiter verabreicht werden (circa ein Drittel der sonstigen Tagesmenge).

Beim Typ II, dem Altersdiabetes, der ja meist im Zuge eines metabolischen Syndroms auftritt, sollte Fasten als erste Therapie zum Einsatz kommen. Durch die Rückbildung der Insulinresistenz kann nach dem Fasten bei entsprechender Diät und regelmäßiger Bewegung auf blutzuckersenkende Medikamente oft ganz verzichtet werden.

Der Patient trägt zwar weiterhin seine genetische Schwachstelle, kann aber durchaus bei vernünftiger Lebensführung nach außen als „geheilt" erscheinen. Wir sehen übrigens immer wieder bei vielen Erkrankungen, daß man mit seinen „Schwachstellen" ganz gut leben kann, wenn man ein bißchen Rücksicht auf sie nimmt und nicht wartet, bis die Katastrophe mit oft irreparablen Schäden hereinbricht.

Kennen Sie Ihren Fettverteilungstyp?

Übergewicht (Adipositas)

Endlich eine gute Nachricht für die Frauen! Was sie so bedrückt – die Fettablagerungen an Hüften und Oberschenkeln, die sogenannte gynoide Fettverteilung – ist bezüglich des Arterioskleroserisikos nicht so bedenklich wie der männliche Typ der Adipositas, die Neigung zum typischen Bierbauch (androide Fettverteilung). Das Fett sammelt sich hierbei zwischen den Eingeweiden an, wir sprechen von einer „Bauchfettsucht", oder im Fachjargon von viszeraler Adipositas. Man kann sie leicht daran erkennen, daß in Rückenlage die Bauchdecken nicht zur Seite wegsinken, sondern der Bauch wie ein Hügel stehen bleibt. Wir vergleichen die beiden Verteilungsformen zur Veranschaulichung gerne mit Birne und Apfel. Diese Formen kommen oft gemischt vor und sind nicht streng an das Geschlecht gebunden.

Wenn Sie Ihren Typ der Fettverteilung wissen wollen, messen Sie ein-

Diabetes-mellitus-Patienten müssen beim Fasten immer von einem erfahrenen Fastenarzt betreut werden!

So messen Sie den Taillen- und Hüftumfang

fach Taillen- und Hüftumfang, die sogenannte „waist to hip ratio". Bei Frauen ist ein Quotient von über 0,8 ungünstig, bei Männern beginnt ab 1,0 der kritische Bereich.
Hier ein Beispiel für die „waist to hip ratio" bei einer Frau:

$$\frac{\text{Taillenumfang 90 cm}}{\text{Hüftumfang 100 cm}} = 0{,}9$$

für eine Frau also ungünstig.
Eine weitere Möglichkeit der Beurteilung ist der sogenannte **Body Mass Index:**

Körpergewicht in kg / Quadrat der Körperlänge in Metern = BMI

zum Beispiel:

$$\frac{70 \text{ kg}}{1{,}70 \text{ m} \times 1{,}70 \text{ m}} = 24{,}2 \text{ kg/m}^2$$

Die Normalwerte liegen zwischen 20 und 25. Eine therapiebedürftige Adipositas beginnt bei BMI-Werten über 30.
Durch die nahezu vollständige Umstellung der Energieerzeugung beim Fasten auf Fettverbrennung erreichen wir einen deutlichen Rückgang der Adipositas, abhängig natürlich von der Dauer der Fastenperiode. Außerdem bestehen starke individuelle Unterschiede bei dem Ausmaß des täglichen Gewichtsverlusts. Männer verlieren normalerweise mehr Gewicht als Frauen.
Eine mangelnde Gewichtsabnahme beim Fasten kann verursacht werden durch:

- Störungen im Wasserhaushalt (Frauen vor der Periode)
- den Gebrauch von Entwässerungstabletten in den Wochen vor der Fastenperiode
- Mineralstoffmangel
- psychovegetative Belastung (der Patient kann nicht „loslassen")
- ausgiebiges Muskeltraining (das aufgebaute Muskelgewebe ist spezifisch schwerer als abgebautes Fettgewebe)

Bewegungsmangel

„Für Sport habe ich doch keine Zeit, Herr Doktor!"
Eine unserer ärztlichen Hauptaufgaben sehen wir darin, den Patienten

Durchschnittlicher Gewichtsverlust bei Damen und Herren mit mäßigem (etwa 10%igem) Übergewicht

Mit einem Heimtrainer sind Sie unabhängig vom Wetter und den Lichtverhältnissen draußen

zu motivieren, körperliche Ausdaueraktivität genauso selbstverständlich wie das gewohnte Zähneputzen in den häuslichen Tagesplan zu integrieren. Während des Fastens ist körperliche Betätigung ein fester Bestandteil unseres intensiven Entgiftungs- und Ausscheidungsprogramms. So lernt der Patient schon in der Fastenklinik das befreiende Glücksgefühl nach körperlicher Aktivität schätzen.

Die emotionale Umstimmung während des Fastens macht die Menschen aufgeschlossener für Gedanken zur Neuorientierung der Lebensführung. Gespräche über die Art des Sports, die tageszeitliche Durchführung und Dauer etc. sind deshalb von mehr Erfolg gekrönt als üblicherweise in der überfüllten Praxis der Allgemeinärzte. Die meisten unserer Patienten entscheiden sich für die Anschaffung eines Heimtrainers, weil diese Art des Trainings unabhängig von Wetter, Jahres- und Tageszeit ohne „Alibiausrede" durchgeführt werden kann. Zu dieser „Pflicht" können natürlich als „Kür" jederzeit Lieblingssportarten wie zum Beispiel Schwimmen und Bergwandern im Sommer oder im Winter Skilanglauf hinzukommen.

Psychosoziale Überbelastung

Gefäßnerven und Botenstoffe steuern die Weite der Blutgefäße. Die Streßhormone Noradrenalin und Adrenalin stellen zum Beispiel die Blutgefäße eng, was fatale Folgen haben kann, wenn schon Ablagerungen den Blutfluß behindern. So können wir verstehen, daß sich zum Beispiel bei einem gestreßten Manager – der meist ohnehin ziemlich ungesund lebt – durch Ärger oder Zorn die vorgeschädigten Gefäße plötzlich zusammenziehen und so zum vollkommenen Verschluß eines Gefäßes, zum Infarkt, führen.
Das Fasten wirkt nun auf unser vegetatives Nervensystem, das wir auch als unwillkürliches oder autonomes Nervensystem bezeichnen,

beruhigend und regulierend ein. Der Zustand des vegetativen Nervensystems wird von zwei gegensätzlichen Steuersystemen bestimmt, dem Sympathikus und dem Parasympathikus. Der Sympathikus sorgt für nervliche Anspannung, schnelle Aktivität und blitzartige Energiebereitstellung – der Parasympathikus fördert Entspannung, Verdauungsleistung und die körperliche Regeneration.

Das Fasten verschiebt nun das Gewicht auf der Waage unserer vegetativen Grundspannung weg vom dauerbeanspruchten „aufputschenden" Sympathikus hin zum beruhigenden Parasympathikus.

Dickflüssiges Blut

Behindern bereits Ablagerungen an den Gefäßwänden den ungehinderten Blutfluß, gewinnen die Fließeigenschaften unseres Lebenssaftes besondere Bedeutung.

Das strömende Blut setzt sich aus Flüssigkeit und Blutkörperchen zusammen.

Das Blut wird zu zähflüssig, wenn:

- durch zu geringe Trinkmengen der Flüssigkeitsanteil im Blut sinkt. Mit zunehmendem Alter schwindet das natürliche Durstgefühl. Verliert der Körper zum Beispiel im Sommer bei großer Hitze über den Schweiß Flüssigkeit, fehlt der Durst als zuverlässiges Warnsignal, das Blut dickt ein und die Strömungsgeschwindigkeit verlangsamt sich. Die festen Blutbestandteile, wie zum Beispiel die Blutplättchen (Thrombozyten), haften an bereits bestehenden Ablagerungen an. Gerinnsel können wachsen und zum völligen Gefäßverschluß führen, was sich dann als Herz- oder Hirninfarkt äußert.
- eine übersteigerte Neubildung die Konzentration der Blutkörperchen erhöht und sich die Fließeigenschaften des Blutes dadurch verschlechtern. So finden sich bevorzugt bei übergewichtigen Männern im mittleren Lebensalter häufig zu viele rote Blutkörperchen (Polyglobulie).
- ein Eiweißstoff, der faserbildend bei der Blutgerinnung wirkt, das sogenannte Fibrinogen, in zu hoher Dosis vorliegt, wie zum Beispiel bei Rauchern.

Beginnen Sie rechtzeitig darauf zu achten, daß Sie täglich mindestens zwei Liter Wasser oder Kräutertee trinken.

Beim Fasten werden überschüssige Blutbestandteile abgebaut – ergänzend wirken Aderlässe. Auch die erhöhte Trinkmenge begünstigt eine Blutverdünnung und damit bessere Fließeigenschaften.

Verlassen wir nun die Erkrankungen der Arterien und wenden uns den nicht minder häufigen Störungen der venösen Durchblutung und den Stauungen des Gewebswassers (Lymphe) zu.

Krampfadern (Varizen) und Gewebswasserstauung (Ödeme)

Eine Patientin aus dem schwäbischen Raum brachte das Thema auf amüsante Weise auf den Punkt: „*Herr Doktor, was mach' ich nur mit meine Saustallpfoschte* (übersetzt: Saustallpfosten)?"

Viele Bundesbürger leiden an geschwollenen und schweren Beinen und an brennenden krampfartigen Schmerzen, besonders wenn der berufliche Alltag ihnen langes Stehen ohne Ausgleichsbewegung abverlangt.

Im gesunden Zustand wird durch die Muskelpumpe der Beine das Blut entgegen der Schwerkraft nach oben zum Herzen befördert. Dabei verhindern auf verschiedenen Etagen Venenklappen wie Schleusentore einen Rückfluß des Blutes nach unten.

Bei Überbeanspruchung, Übergewicht und entsprechender Veranlagung erweitern sich die Venen wie ausgeleierte Schläuche. Die Fließgeschwindigkeit des Blutes nimmt ab, ähnlich wie in einem trägen Brackwasser. Die Venenklappen schließen nicht mehr richtig, das Blut staut sich in den Beinvenen und

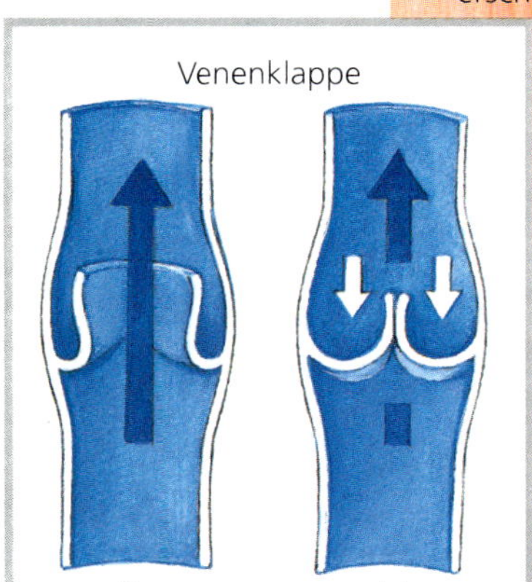

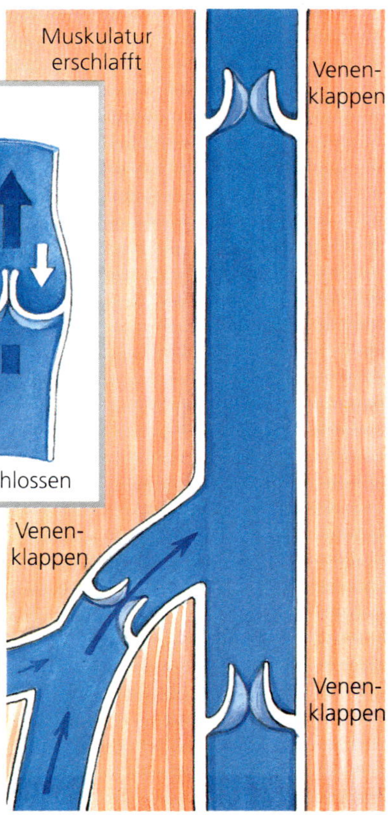

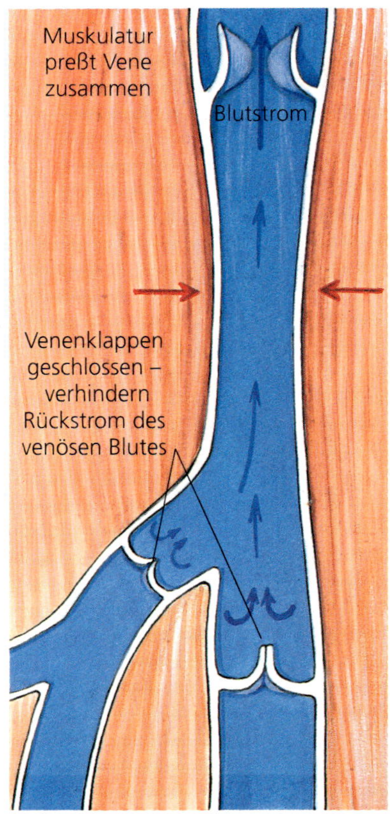

Die Wadenmuskelpumpe drückt das Blut in den Beinvenen mit jedem Schritt nach oben, die Venenklappen verhindern, daß es bei entspannten Muskeln nach unten zurücksackt

drückt Wasser ins Gewebe des Fuß- und Knöchelbereichs. Die Stauungen können sich auf das gesamte Bein ausbreiten. Wenn die dünnen Venenwände unter der hohen Belastung einreißen, entstehen schlecht heilende Beingeschwüre (Ulcus cruris).

Das Fasten ermöglicht durch die verstärkte Wasser- und Salzausscheidung eine zügige Ausleitung des überschüssigen Gewebswassers. Besonders hilfreich wirken dabei Lymphdrainagen. Das Bindegewebe wird von abgelagerten Stoffen entlastet. Der Blutfluß in den kleinen Gefäßen (Mikrozirkulation) verbessert sich. Durch den erleichterten An- und Abtransport von Stoffwechselbausteinen kann das Geschwür abheilen, das Bindegewebe strafft sich. Unabdingbar für diesen Prozeß ist ein regelmäßiges gezieltes Venentraining.

Viele Patienten, die vor dem Fasten regelmäßig Entwässerungstabletten einnehmen mußten und dabei ihren Mineralhaushalt gehörig durcheinanderbrachten, können hinterher dank Gewichtsabnahme und verbesserter Stoffwechsel- und Durchblutungsverhältnisse auf solche Medikamente verzichten.

Ein weiteres wichtiges Gebiet der inneren Medizin bilden die gastroenterologischen Erkrankungen, also die des Magen- und Darmtrakts.

Magen-Darm-Erkrankungen

Durch das Zurückfahren der Verdauungsaktivität beim Fasten heilen chronische Magen- und Darmschleimhautentzündungen ab. Den Heilungsprozeß unterstützt die Gabe von Leinsamenschleim – keine kulinarische Köstlichkeit, aber er schützt vor der aggressiven Magensäure und wird deshalb von Fastenden mit diesem Krankheitsbild gerne angenommen. Auch kleinere Geschwüre heilen unter dieser Therapie aus. In besonders hartnäckigen Fällen bevorzugen wir die schleimhautberuhigende Wirkung der Milch-Semmel-Diät nach F. X. Mayr.

Chronische Stuhlverstopfung (Obstipation)

„Wie lange nehmen Sie denn schon Abführmittel?“ fragen wir, und die Patientin antwortet mit einem resignierenden Seufzer: *„So lange ich denken kann, seit mindestens dreißig Jahren.“*

Häufig bilden sich dabei durch die gestörten Druckverhältnisse und eine angeborene Bindegewebsschwäche Ausstülpungen der Darmwand (Divertikel), die sich mit alten Stuhlresten füllen, die oft zu Kotsteinen eindicken. Bei Entzündungen dieser Aussackungen spricht man von Divertikulitis.

Der Fastende gibt nun seinem Darm die Chance, sich dieser „Altlasten“

zu entledigen. Unterstützend wirken dabei die großen Trinkmengen beim Fasten – ein Teil der Flüssigkeit geht über den Darm ab –, Gaben von Bittersalz, Colonmassagen, Einläufe und Darmbäder.

Die regulierende und regenerierende Wirkung des Fastens kann auch nach jahrzehntelangem Abführmittelmißbrauch wieder für geregelte Stuhlverhältnisse nach Abschluß der Therapie sorgen. Voraussetzung ist natürlich, daß anschließend auf eine ballaststoffreiche Ernährung, ausreichende Trinkmengen und geregelte Bewegung geachtet wird.

Gehen wir nun weiter zu den Funktionsstörungen und Erkrankungen der großen Drüsen unseres Verdauungssystems.

Erkrankungen von Leber, Galle und Bauchspeicheldrüse

Die größte Drüse unseres Körpers, die Leber, erweist sich gottlob als sehr gutmütiges Organ. Lange Zeit versieht sie trotz Überschwemmung mit zu fettreicher Nahrung und zu viel Alkohol treu ihren Entgiftungsdienst – lagert jedoch allmählich, ohne es durch Warnzeichen anzuzeigen, Fett in die Leberzellen ein. Im Ultraschall sehen wir die sogenannte **Fettleber,** kenntlich an der deutlich helleren Graustufe gegenüber der danebenliegenden Niere. Jetzt drängt die Zeit, die Notbremse zu ziehen, da sonst einzelne Leberzellen zugrunde gehen und durch

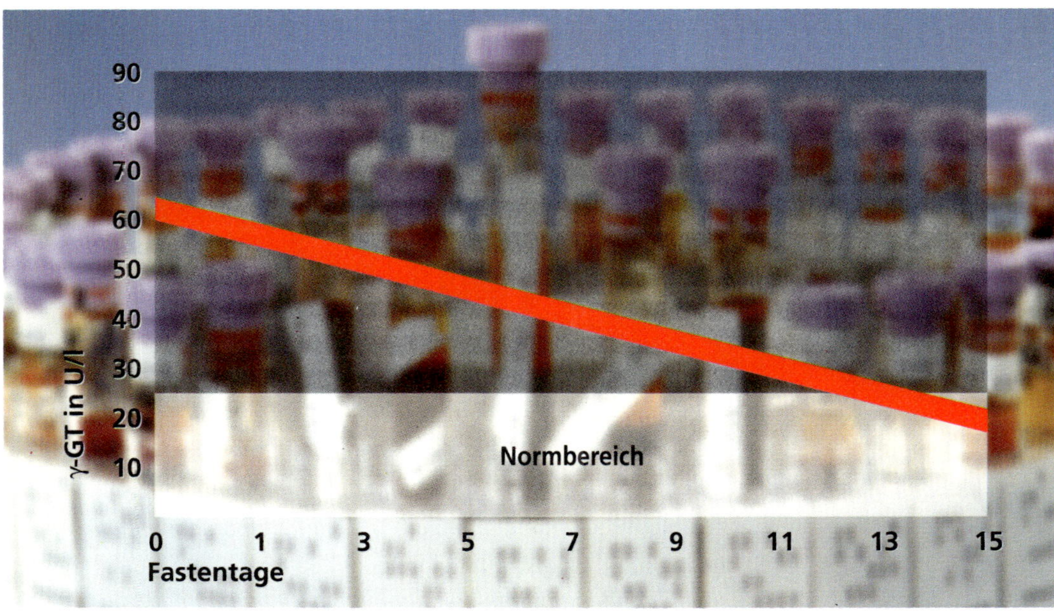

Beim Fasten normalisieren sich die Leberwerte, ein Anzeichen für die Erholung dieses stark beanspruchten Organs

narbiges Bindegewebe ersetzt werden: Die sogenannte Leberzirrhose entsteht. Dieser letzte Prozeß läßt sich nicht mehr umkehren. Im Stadium der Fettleber kann die Fastentherapie durch Entleerung der Fettansammlungen in den Gewebezellen die ursprüngliche Funktionskraft wieder herstellen.

Auch bei Viruserkrankungen der Leber, der sogenannten **Virushepatitis,** wirken sich Fastenbehandlungen günstig aus.

Die in der Leber produzierten, für die Fettverdauung wichtigen Gallensäuren werden über ein ableitendes Gefäßsystem in den Zwölffingerdarm entleert. Als Reservoir dient die Gallenblase, die zu jeder Mahlzeit die entsprechende Menge Verdauungssaft abgibt. Ebenfalls in den Zwölffingerdarm entleert die Bauchspeicheldrüse ihr basisches Enzymgemisch. **Entzündungen** dieser Systeme können beim Fasten gut ausheilen, da durch die fehlende Versorgung mit fester Nahrung erheblich weniger Verdauungssaft gebildet werden muß. Manchmal entleert die Gallenblase sogar kleine Steinchen im Zuge von sogenannten „Heilkrisen".

Migräne und Kopfschmerzen

Eine äußerst schmerzhafte Erkrankung, die oft nicht mit Stoffwechselstörungen in Verbindung gebracht wird, ist die Migräne. Wir sehen sie aber häufig vergesellschaftet mit chronischer Stuhlverstopfung. Zu Fastenbeginn erleiden die Patienten oft noch einmal einen heftigen Migräneanfall, der typischerweise eine Kopfhälfte befällt und mit Übelkeit und Lichtempfindlichkeit einhergeht.

Ein wöchentlich durchgeführter Fastentag zu Hause hilft, diesen Zustand zu stabilisieren. Auch Kopfschmerzen anderen Ursprungs, zum Beispiel medikamentös ausgelöste Beschwerden, Spannungskopfschmerzen oder Kopfschmerzen durch Störungen im Bereich der Halswirbelsäule lassen sich oft auf die gleiche Weise günstig beeinflussen.

Ein solcher Anfall läßt sich durch konsequente Darmspülungen und Kopflymphdrainagen deutlich lindern. Im weiteren Fastenverlauf klingen die Beschwerden ab. Sie melden sich manchmal in Form eines leichten Kopfdrucks zurück; nach drei Wochen zeigt sich aber bei über 90 % der Patienten die ersehnte Beschwerdefreiheit, die in der Regel mindestens ein halbes Jahr anhält und sich nach mehrmaligem Fasten dauerhaft einstellen kann.

Gelenk- und Wirbelsäulen-beschwerden

Wenden wir uns jetzt dem weiten Feld der Gelenk- und Wirbelsäulenerkrankungen zu. Hunderte von Diagnosen des rheumatischen Formenkreises verwirren den Patienten und oft genug auch den Arzt. Da oft die Ursachen, wie zum Beispiel beim klassischen **„Rheuma"** (von griechisch: rheumatismos = das Fließen; die Beschwerden fließen von einer Körperstelle zur anderen), der rheumatischen Polyarthritis, noch nicht geklärt sind, gibt es auch keine kausale (gegen die Ursache gerichtete) Therapie. Man versucht, mit entzündungshemmenden Medikamenten und der sogenannten Basistherapie mit tiefeingreifenden Wirkstoffen die Beschwerden einzudämmen. Ein Zusammenhang mit der Ernährung wurde lange Zeit geleugnet. Heute können wir aufgrund unserer Erfahrungen sagen, daß sich die rheumatischen Beschwerden durch Fasten und anschließende vegetarische Ernährung häufig erstaunlich gut lindern lassen.

Bei den degenerativen Erkrankungen **(Arthrose),** den Abnutzungserscheinungen, hören die Patienten oft den niederschmetternden Satz: „Das ist Verschleiß, damit müssen Sie leben."

Aus naturheilkundlicher Sicht besteht aber – solange ein System lebt – die Chance einer Regeneration. Die Schmerzen an einem arthrotischen Gelenk kommen nicht von der Abnutzung, der Arthrose, sondern entstehen bei der zeitweise aufflammenden entzündlichen Aktivität, der **Arthritis.** Je nach Schwere der Entzündung sind dann auch die anderen klassischen Entzündungszeichen Wärme, Rötung und Schwellung wahrzunehmen, oft in Verbindung mit einer massiven Vermehrung der Gelenksflüssigkeit im betroffenen Gelenk (Reizerguß).

„Herr Doktor, ich kann meine Hände wieder ohne Schmerzen zur Faust schließen."

Bereits nach wenigen Fastentagen können wir in der Regel ein Abschwellen der Gelenke, eine bessere Beweglichkeit und einen Rückgang der Schmerzen feststellen, so daß die üblichen entzündungshemmenden Medikamente schon bald abgesetzt werden können.

Dabei spielt es keine Rolle, welcher Untergruppe des rheumatischen Formenkreises diese Erkrankung angehört und welcher Arzt sich mit seinem Namen in der Diagnose verewigt hat (zum Beispiel Heberden-Arthrose, Bouchard-Arthrose, Morbus Bechterew und andere). Man erklärt diese Wirkung durch einen Rückgang der Arachidonsäure, der Ausgangssubstanz für die Synthese der Prostaglandine, die bei Entzündungsprozessen und Schmerzempfindung eine große Rolle spielen.

Für einen stabilen Langzeiterfolg benötigt der Patient ausgedehnte Fastenperioden von jeweils mindestens drei Wochen aus folgendem Grund: Knorpel, Bänder, Sehnen und Bandscheiben haben einen sehr langsamen Stoffwechsel; wir nennen ihn bradytroph (griechisch: ernährt sich langsam). Diese Strukturen haben keine oder nur wenige kleine Blutgefäße und sind somit auf einen anderen Transportweg von außen angewiesen. Wir nennen ihn Diffusion (lateinisch: diffundere = verteilen). Das heißt, vom Ort der größeren Konzentration streben die Stoffe zum Ort der geringeren Konzentration, die Nährstoffe also hin zur Zelle, die Stoffwechselendprodukte von ihr weg. Körperliche Bewegung beschleunigt diesen Prozeß in Form einer Druck-Saug-Massage auf den Knorpel, das heißt Knorpel will bewegt sein, um gut ernährt zu werden. Selbstverständlich muß die Dosis der Bewegung dem Krankheitsbild angepaßt sein, damit nicht eine zusätzliche Reizung entsteht. Um Gelenkpatienten ohne Komplikationen durch die Fastenzeit führen zu können, muß man dem Säure-Basen-Haushalt besondere Beachtung schenken. Beinahe bei jedem Fastenden steigt die Harnsäurekonzentraton im Blut an.

Dieser Harnsäureanstieg erfolgt aus zwei Gründen:

- zum einen durch den Untergang von Zellen, deren Kernmaterial zu Purinen und diese zu Harnsäure abgebaut werden,
- zum anderen konkurrieren die durch den Abbau von Fettsäuren entstehenden Ketonverbindungen mit der Harnsäure um die Ausscheidungskapazität der Nieren; 70 % der Harnsäure werden nämlich über die Nieren ausgeschieden, 30 % über den Darm.

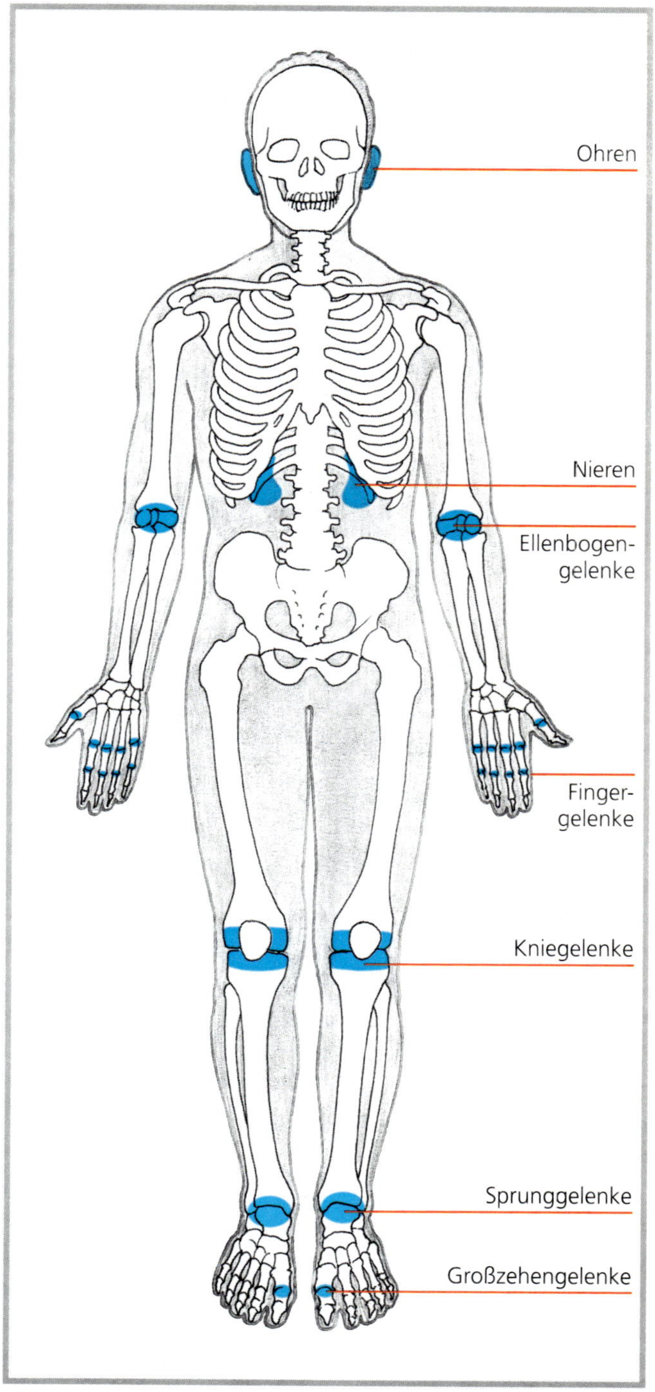

Typischer Organ- und Gelenkbefall bei einem Gichtkranken

Bei einem hohen Ausgangswert empfiehlt sich die Gabe eines Basenpulvers zur Erhöhung der Pufferkapazität, damit die Harnsäure im sauren Milieu nicht auskristallisiert, insbesondere nicht in den schon geschädigten Gelenken. Diese feinnadelige Auskristallisation im Gelenk würde eine massive Entzündungsreaktion hervorrufen, die wir als **Gichtanfall** bezeichnen. Die Schmerzen können dabei so stark sein, daß nicht einmal ein Bettuch als Auflage ertragen wird. Damit solche peinigenden „Heilkrisen" nicht auftreten, erhalten Patienten mit erhöhter Harnsäurekonzentration (Hyperurikämie, in 99 % durch eine angeborene Ausscheidungsstörung von Harnsäure verursacht) das Medikament Allopurinol. Diese Substanz hemmt den Abbau von der letzten Vorstufe, dem Xanthin, zur Harnsäure. Das Xanthin wird problemlos ausgeschieden und verursacht auch keine Gelenkbeschwerden. Unter Beachtung dieser Vorsichtsmaßnahmen können auch Gichtpatienten mit häufigen Gichtanfällen in der Vorgeschichte problemlos fasten, wenn sie mindestens zwei bis drei Liter Flüssigkeit pro Tag zu sich nehmen.

Da die angeborene Stoffwechselstörung sich oft erst bei Übergewicht, purinreicher Ernährung und/oder übermäßigem Alkoholkonsum (Alkohol hemmt die Harnsäureausscheidung) bemerkbar macht, war die Gicht in Notzeiten, wie zum Beispiel während der Kriegs- und

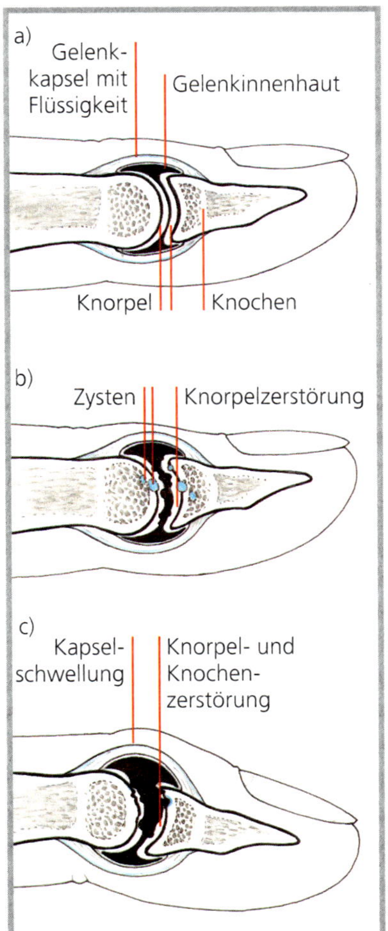

Fingergelenk in drei verschiedenen Entwicklungsstadien einer Arthritis.
a) gesundes Gelenk
b) entzündete Gelenkinnenhaut und beginnende Zerstörung des Knorpels
c) großflächige Gelenkzerstörung von Knorpel und Knochen mit Gelenkfehlstellung

Menschen mit Gelenk- oder Wirbelsäulenbeschwerden müssen also während einer Fastenkur besonders auf ihre Harnsäurekonzentration achten. Wichtig sind deshalb Harnsäurebestimmungen zu Beginn und während des Fastenverlaufs.

Nachkriegszeit bis circa 1951, nahezu unbekannt. Die Fastentherapie stellt für den Gichtkranken mit Sicherheit die beste Behandlung dar: Die Harnsäurekonzentration im Körper wird durch den fehlenden Nahrungsnachschub und die beschleunigte Ausscheidung verringert, das belastende Übergewicht geht zurück.
Wir nutzen die Behandlungszeit auch intensiv, um den Patienten in der Nachfolgezeit zu einer überwiegend vegetarischen Ernährung und weitgehenden Verzicht auf Fleisch in jeder Form zu motivieren.

Harnsäurekristalle (hier im polarisierten Licht): schön, aber gefährlich für die Gesundheit

Erkrankungen der Niere und der ableitenden Harnwege

„Herr Doktor, schon wieder habe ich ein Antibiotikum nehmen müssen, weil meine Blasenentzündung in immer kürzeren Abständen wiederkommt!“
Besonders in diesen Fällen sollten wir fastenbegleitend eine Therapie für die durch die wiederholten Antibiotikagaben geschädigte Darmflora einleiten. Die hilfreichen Darmbakterien, die sogenannten Symbionten, spielen nämlich eine bedeutende Rolle für unser Abwehrsystem. Rund 70 % des körpereigenen Immunsystems (von lateinisch: immunis = unversehrt) wachen in der Darmschleimhaut und den zugeordneten Lymphknoten über unsere Gesundheit. Die entzündungshemmende und abwehrsteigernde Wirkung des Fastens hilft dabei, die gestörte Darmflora wieder ins Gleichgewicht zu bringen, so daß der Körper wieder in der Lage ist, über die Harnwege aufsteigende Infektionen selbst wirkungsvoll zu bekämpfen. Das führt schließlich zum Durchbrechen des Teufelskreises der immer wiederkehrenden Rückfälle.

Der Keim ist nichts, das Milieu ist alles. Louis Pasteur, französischer Mediziner (1822–1895)

Fastende, die zur Nierensteinbildung neigen, müssen beim Fasten besonders viel trinken, damit alle Stoffwechselendprodukte gelöst bleiben und ausgeschieden werden können.

Krankheiten der Atemwege

„Das können Sie mir nicht erzählen, daß Fasten bei ***Asthma*** *hilft",* entrüstet sich der Vertreter der Krankenkasse bei den Pflegesatzverhandlungen.

Viele Asthmapatienten kommen zu uns, weil sie unter massiven Kortisongaben erheblich an Gewicht zugelegt haben und trotz maximaler Medikamenteneinnahme mit ihren Atembeschwerden nicht zurechtkommen. Sie spüren schon meist nach wenigen Fastentagen eine zunehmende Befreiung der Atmung. Das Kortison kann ausschleichend reduziert und oft ganz abgesetzt werden. Als hilfreich erweisen sich Atemgymnastik, Bindegewebs- und Klopfmassagen sowie Entspannungsübungen.

Die Fastenwirkung wird heute durch eine Entspannung der sonst verkrampften Bronchialmuskulatur, die Entquellung der gereizten Flimmerzellen in den Atemwegen sowie einen Rückgang der allergischen Aktivität erklärt. Auch andere allergische Erkrankungen, wie zum Beispiel **Heuschnupfen,** können durch Fasten ganz verschwinden.

Bei den **chronischen bakteriellen Entzündungen des Nasennebenhöhlen- und Rachenraums** sehen wir in den ersten Fastentagen oft eine Verflüssigung und vermehrte Absonderung von Schleim und in der Folge eine zunehmende Abheilung. Die Infektanfälligkeit ist hinterher deutlich geringer.

Frauenleiden

Auch bei zahlreichen Erkrankungen aus dem Bereich der Frauenheilkunde, der Gynäkologie, bringt das Fasten Erleichterung. Schmerzhafte und lang anhaltende **Regelbeschwerden** (Dysmenorrhoe) finden eine dauerhafte Besserung.

Klimakterische Störungen wie Hitzewallungen, Depressionen und Nachtschweiß verschwinden.

Die Naturheilkunde deutet ja solche Beschwerden als Zeichen des Wegfalls der ausleitenden Wirkung der Monatsblutung. Nachtschweiß wird dabei generell als Notfallmaßnahme des Körpers interpretiert, wenn er Mühe hat, mit der Ausscheidung der Stoffwechselendprodukte fertig zu werden.

Chronische Entzündungen von Eierstöcken und Eileitern können beim Fasten ausheilen. Ein lang gehegter Kinderwunsch geht deshalb nach dem Heilfasten oft in Erfüllung. Frauen mit mehreren Fehlgeburten in der Vorgeschichte erleben manchmal nach dem Fasten eine problemlose Schwangerschaft und Geburt.

Hauterkrankungen

Nun zum Fach der Hauterkrankungen, der Dermatologie, wo leider auch heute noch häufig die Vorstellung herrscht, daß nur die Hülle des Körpers behandelt werden muß.

Beim Fasten verjüngt sich das Erscheinungsbild der Haut

*„Herr Doktor, mein **Ekzem** ist trotz Kortisonbehandlung so schlimm, daß ich es nicht mehr aushalte. Zudem bilden sich ständig **Furunkel,** so daß ich Penicillin nehmen muß. Mein seit Jahren bestehender **Fußpilz** widersteht allen Behandlungsversuchen. Die Uniklinik sagt: ‚Kommen Sie wieder, das schmieren wir Ihnen weg.' Was soll ich tun?"*

Aus naturheilkundlicher Sicht bedeutet ein **Ekzem** den verzweifelten Versuch des Körpers, den gestörten Stoffwechsel durch Ausscheidungen über die Haut zu verbessern. Beim Fasten wird die Ausleitung über die anderen Entsorgungswege gefördert, der Stoffwechsel reguliert, das Ekzem heilt, weil nicht mehr erforderlich, ab.

Kortisonhaltige Präparate hingegen unterdrücken das Symptom nur, so daß das Ekzem beim Weglassen unverändert zurückkommt, oder gar verschlimmert auftritt.

Der geschilderte Patient litt vorher unter einer Blasenbildung an Handflächen und Fußsohlen. Die Blasen lösten sich ab, hinterließen eine trockene, spröde Haut mit tiefen Einrissen, auf der sich in kürzester Zeit erneut Blasen bildeten. Beim Fasten traten keine Blasen mehr auf, die Haut wurde zunehmend elastisch und widerstandsfähig. Auch Furunkel traten nicht mehr auf, der Fußpilz heilte unter antimykotischer Therapie zusehends ab.

Für einen dauerhaften Erfolg empfehlen wir in solchen Fällen unterstützend Maßnahmen zur Verbesserung der Darmflora (Ausschluß eines Darmpilzleidens), eine Zahnsanierung zum Ausschluß von eitrigen Herden und einer Amalgam-Belastung sowie eine psychologische Hilfestellung zum Streßabbau.

Diese Überlegungen gelten auch für **Schuppenflechte (Psoriasis)** und **endogenes Ekzem (Neurodermitis),** die durch Fasten oft eine deutliche Rückbildung erfahren. Unterstützend setzen wir UV-Bestrahlungen (dem Sonnenlicht entsprechend), Lymphdrainagen und regulierende Verfahren wie Akupunkt- und Fußreflexzonen-Massagen ein.

Die Poren der Haut sollten während des Fastens grundsätzlich nicht mit zu fetten Salben verstopft werden, um die Ausscheidung nicht zu behindern. Die Gabe eines Basenpulvers ist auch hier hilfreich, um die verstärkte Säureabgabe über die Haut abzupuffern.

Häufig bringen allergologische Tests auf Nahrungsmittel bislang unbekannte Unverträglichkeiten ans Tageslicht, die später beim Kostaufbau berücksichtigt werden können. Nach einem halbjährigen Weglassen der entsprechenden Nahrungsmittel können sie dann in der Regel wieder problemlos verzehrt werden.

Auch die **Nesselsucht (Urticaria, Quincke-Ödem)** kann durch Fasten zur Abheilung kommen, selbst wenn man die auslösende Ursache nicht kennt. Für einen dauerhaften Erfolg sind oft längere und wiederholte Fastenperioden erforderlich.

Augenerkrankungen

Die entzündungshemmende und stoffwechselregulierende Potenz des Fastens erstreckt sich auch auf das Gebiet der Augenheilkunde. So verschwinden **chronische Entzündungen des Lidrandes und der Bindehaut (Blepharitis, Conjunctivitis).**

Beim **Grünen Star (Glaukom)** führt die entstauende Wirkung des Fastens zum Absinken des erhöhten Augeninnendrucks.

Unfallfolgen und Operationsnarben

„Lieber Herr Doktor, das ist doch nicht Ihr Ernst! Jetzt hatte ich schon den schweren Unfall, und nun soll ich auch noch aufs Essen verzichten? Davon sollen meine Schmerzen weggehen? Aber nachdem mir bisher keiner helfen konnte, probiere ich es eben!"

Patienten, die einen schweren **Unfall** mit vielen tiefgreifenden Verletzungen (Polytrauma) erlitten haben, behalten oft einschneidende und schmerzhafte Behinderungen zurück. Bei der Narbenbildung kommt es häufig zu schmerzhaften Verhärtungen im Gewebe und zu Verkürzungen (Keloiden, Kontrakturen). Die Durchtrennung von Leitungsbahnen des Gewebswassers und im Stau abgelagerte entzündliche Eiweißstoffe können bleibende teigige, schmerzhafte Schwellungszustände (Lymphödeme) verursachen. Oft ist es schwierig zu unterscheiden, ob die chronischen massiven Schmerzen zum Beispiel von durchtrennten Nerven und Wucherungen an deren Enden (Neurinome) herrühren, oder zum Beispiel von Stauchungen durch die Gewalt des Aufpralls mit Blockierungen der Wirbelgelenke oder durch Gefügelockerung, Dehnung und Zerrung von Sehnen und Bändern. Vielleicht haben auch Mikroverletzungen von kleinsten venösen und arteriellen Gefäßen zu Versorgungs- und damit zu Sauerstoffmangelschmerzen (Ischämie) geführt.

Nach **Operationen** (wenn man so will, den vom Arzt geplanten Verletzungen) können die geschilderten Folgebeschwerden in ganz ähnlicher Weise auftreten. Es ist nämlich durchaus nicht selbstverständlich, daß eine Operationswunde sich sofort wie mit Sekundenkleber problemlos verschließt und nur noch eine haarfein sichtbare Markierung auf der Haut hinterläßt. Die Chirurgen nennen diesen optimalen Verlauf Primärheilung. Sind jedoch Stoffwechsel- und Abwehrleistung gestört, oder verhindert eine zu dicke, schlecht durchblutete Fettschicht den Heilungsprozeß, fühlen sich Bakterien in diesem Milieu besonders wohl und nisten sich ein. Der Zerfall der weißen Blutkörperchen, der „Gewebspolizei", führt zu eitriger Absonderung, die Wunde verschließt sich nur langsam vom Rand her wie ein austrocknender See mit behindernden, schmerzenden, entstellenden Narben. Bei inneren Wunden, zum Beispiel im Bauchraum, bilden sich dann oft Verklebungen mit benachbartem Gewebe, die sogenannten Verwachsungen. Entstehen dabei ringförmige narbige Einschnürungen des Darms spricht man von Briden. Diese führen oft zu quälenden, sehr schmerzhaften Einschränkungen der Darmbewegung und Stockungen bei der Beförderung des Darminhaltes bis hin zum Darmverschluß (Ileus).

Auch die seelische Verletzung als Ursache von Schmerzzuständen nach Unfällen und Operationen spielt oft eine erhebliche Rolle. Das Ausheilen der seelischen „Wunde" dauert oft wesentlich länger als der Verschluß der rein körperlichen Verletzung.

Wie wirkt sich nun das Fasten auf diese Veränderungen aus?

Da man beim Fasten von körpereigenem Material zehrt und der Körper mit der Weisheit seines inneren Arztes zwischen Notwendigem und Entbehrlichem, ja Schädlichem, zu unterscheiden weiß, wird Verletzungsgewebe bereinigt, die Narben werden weicher, das Gewebe entstaut sich, die Schmerzen lassen nach, die Funktionen verbessern sich oft in nicht mehr erwarteter Weise. Manchmal kehren sogar der verlorene Geschmacks- und Geruchssinn wieder. Auch die seelischen Wunden heilen beim Fasten schneller, gemäß der ordnenden inneren Bereinigung. Unterstützend wirkt dabei eine einfühlsame Gesprächstherapie.

Psychovegetative Erschöpfung

„Was, ich soll fasten, ich bin doch sowieso schon so kaputt!“, entfährt es dem zermürbten Wesen. *„Ich kann nicht schlafen, schwitze nachts fürchterlich und bin schrecklich nervös.“*

Bei vielen Patienten steht eine ausgeprägte psychovegetative Erschöpfung im Vordergrund, sei es durch beruflichen Streß, familiäre Überforderung oder zwischenmenschliche Enttäuschungen. So wie ein Motor bei ständig überhöhter Drehzahl heißläuft und Schaden nimmt, wird auch unsere Psyche durch übermäßige Anspannung erschöpft und verletzt.

Eine Fastenkur ist immer auch eine Zeit der Besinnung, in der man sich vom belastenden Alltagsstreß befreit

Das Fasten durchbricht den Kreislauf der permanenten Anspannung und bewirkt eine tiefgreifende Umstimmung vom Angespanntsein, dem Sympathikotonus, zur Entspannung, dem Parasympathikotonus. Unter diesen Ruhebedingungen kann die Verwundung der geschundenen Seele ausheilen. So wie sich eine körperliche Verletzung, wie zum Beispiel eine Schnittwunde, nicht unter Zug und Druck komplikationslos verschließt, so kann auch die Psyche nur abseits von Zug und Druck genesen.

Stoffwechselgifte können nicht nur organische Funktionsstörungen verursachen, sondern auch zu psychischen Dysharmonien wie Depressionen, Aggressivität, Schlafstörungen und Erschöpfungssyndromen führen. Während des Fastens mit seinen ausleitenden Maßnahmen kann sich der Körper der Stoffe entledigen, die ihn physisch und psychisch belasten.

Wir beobachten häufig bereits nach wenigen Fastentagen eine deutliche Stimmungsaufhellung, eine Zunahme der inneren Ruhe und die Rückkehr der Lebensfreude.

Fasten als geistige Reinigung

Der Fastende erlebt nicht nur körperliche Reaktionen, sondern auch intensive Änderungen seiner Gefühlslage. Sie kann zwischen euphorischem Glücksgefühl und bedrückender Niedergeschlagenheit hin und her pendeln. Längst vergangene, verdrängte Erlebnisse tauchen aus den untersten Schubladen unseres Bewußtseins auf, in denen wir sie doch so sorgfältig verstaut hatten. Unvermittelt werden sie in die Gegenwart unserer Gefühle gespült und erzeugen oft einen heftigen seelischen Aufruhr. Die ungelösten Probleme liegen bloß und schreien nach Aufmerksamkeit.

Einen erstaunlichen Erfolg bringt als morgendliche Übung der Gang zum Spiegel. Wir blicken uns fröhlich und fest in die Augen und begrüßen uns mit dem Vornamen: „Liebe(r) ..., Du bist mein größtes Glück!"
Sie schmunzeln zweifelnd? Probieren Sie es einfach aus. Sie werden von der wohltuenden Wirkung überrascht sein.

„Ich habe das Gefühl, ich muß etwas für meine Seele tun", hören wir oft in dieser Situation von Patienten. Sie werden erstaunt gewahr, daß sie sich auf einem Terrain bewegen, auf dem sie sich überhaupt nicht auskennen. Sie wenden sich, oft zum ersten Mal in ihrem Leben, sich selbst zu. „Was verstehen Sie unter Seele?" fragen wir zurück und hören dabei keine Antwort, von der man den Eindruck haben könnte, es sei schon einmal länger darüber nachgedacht worden. Fragt man hundert Leute, erhält man hundert verschiedene Antworten zur Definition „Seele".

Deshalb der Vorschlag einer Arbeitshypothese:

Nach Udo Derbolowsky ist die Seele die Summe unserer Verhältnisse, in denen wir leben.

„Verhältnisse?", fragt der Patient.

Die Antwort ist einfach. Wir haben zu allen Dingen, die uns umgeben, ein Verhältnis, zu unserem Schreibtisch, zu unserer Kleidung, zu unserem Partner, zu unseren Kindern, zu Gott und, oh Wunder, auch zu uns selbst.

Die entscheidende Frage ist: Sind es gute oder schlechte Verhältnisse? Was fällt Ihnen zum Beispiel bei der

Betrachtung Ihres Spiegelbildes ein? Mögen sie sich eigentlich?

Oft kommt geradezu empört die Antwort: *„Natürlich nicht!"* Dieser Ausruf zeugt von selbstbeschädigendem Verhalten – wir sprechen von „Autoaggression", der Wurzel aller psychosomatischen Erkrankungen. Dieser Mensch hat also ein schlechtes Verhältnis zu dem, der eigentlich sein bester Freund sein sollte, nämlich zu sich selbst.

Achten Sie einmal auf den Tenor Ihrer Selbstgespräche – wir führen ja in Gedanken ständig einen Dialog mit uns selbst. Trösten Sie sich bei Mißgeschicken liebevoll selbst, oder beschimpfen Sie sich womöglich mit Ausdrücken wie: „Ich Esel, ich Depp, ich Rindvieh" und beschädigen sich dadurch selbst?

Allein das Wort „ich ärgere mich" macht sehr deutlich, daß wir uns selbst Schaden zufügen.

Wie kommen wir nun aus dieser Misere heraus?

Was tun wir zum Beispiel, wenn wir jemand anderen nicht mögen? Hier hat sich der schöne Begriff des „Heranliebens" (Udo Derbolowsky) etabliert.

„Es gibt keinen Menschen, von dem wir nichts lernen könnten, und es gibt keinen Menschen, der nicht von uns etwas lernen könnte."
(Erik Blumenthal)

Was empfinden Sie, wenn Sie eingehend Ihr Spiegelbild betrachten?

Das bedeutet, daß wir Tat und Täter trennen, also einen Unterschied machen zwischen dem Menschen als uns ebenbürtiges Geschöpf Gottes und dem, was er tut. Wir achten und lieben ihn als Mensch, können aber manche seiner Taten ablehnen.

Nähern wir uns diesem Menschen nun aus dem neuen Blickwinkel der Ebenbürtigkeit und Gleichwertigkeit, so stellen wir sofort fest, daß ein neues, besseres Verhältnis möglich wird. Gelingt es uns, diesen Gedanken ehrlich und aufrichtig in die Tat umzusetzen, werden wir erstaunt feststellen, daß auch der andere sich dem positiven Sog nicht entziehen kann.

Dieses Vorgehen bewährt sich auch in der Partnerschaft und beim Umgang mit Kindern. Es bewahrt uns vor der sogenannten „bedingten Liebe", nach dem Motto „ich mag dich nur, wenn du …"

Die Botschaft des Erfolgs lautet: „Ich liebe dich immer, aber das, was du da getan hast, mag ich nicht, verletzt mich, billige ich nicht etc."

Probieren Sie es aus. Sie werden erstaunt sein, wie dieses Vorgehen bei Schwierigkeiten mit dem Partner oder den Kindern zuverlässig verhärtete Fronten aufweicht. Vermeiden Sie bei Fehlleistungen das Wort „Schuld“, sprechen Sie von „verursachen“.

Aus diesen Ausführungen können Sie sehen, wie durch den liebevollen Umgang mit sich selbst und anderen aus einem schlechten Verhältnis ein gutes werden kann. Wir können nämlich niemals einen anderen ändern, nur uns selbst. Die Suche nach den schlechten Eigenschaften unseres Nächsten wird ersetzt durch die zugegebenermaßen manchmal mühevolle Suche nach seinen guten Seiten.

- Hadern Sie nicht mit der Vergangenheit: „Wenn …, dann wäre …“. Die Vergangenheit ist Vergangenheit und nicht zu ändern.
- Bemühen Sie sich, Ärger und Enttäuschung loszulassen, das Geschehene ohne nachtragenden Groll zu akzeptieren.
- Die Gegenwart braucht Ihre ganze Aufmerksamkeit und Kraft. Nur im Jetzt können Sie handeln und verändern.
- Fördern Sie positive lösungsorientierte Gedanken, und lassen Sie sich nicht in Kreisen angstvoller, unproduktiver Sorge gefangen nehmen.

Im Zuge einer Fastentherapie in einer Spezialklinik findet sich immer genügend Zeit für qualifizierte Hilfen, wie man sein Selbstbild aufwertet und das Leben wieder genießen lernt.

Da beim Fasten seelische Verkrustungen aufbrechen, kann der Hilfesuchende praktikable Lösungswege leichter erkennen und bereitwilliger in sein Übungsprogramm aufnehmen. So wird „seelischer Müll“ umweltfreundlich, rückstandsfrei und dauerhaft entsorgt.

Wer soll nicht fasten?

Nachdem die Fastentherapie als klassisches Naturheilverfahren eine tiefgreifende Aktivierung unseres Stoffwechselgeschehens bedeutet und die Entgiftungsleistung unseres Körpers mobilisiert, gibt es naturgemäß wenige Gegenanzeigen:

- Fasten als bewußte Verzichtleistung setzt natürlich ein Mindestmaß an Einsichtsfähigkeit voraus. **Menschen mit eingeschränkter Hirnleistung,** zum Beispiel bei Durchblutungstörungen des Gehirns (cerebro-vasculärer Insuffizienz) in fortgeschrittenem Stadium, sind der Anforderung des Fastens nicht gewachsen.

■ **Bei Kindern** hängt der Wille zum Fasten sehr stark vom individuellen Reifegrad und der Einwirkung der Eltern ab. In unserer Klinik zum Beispiel fasteten schon Sechsjährige wegen ständiger Infektanfälligkeit in Begleitung der Mutter mit gutem Erfolg. Zum Einatz kommen dann oft kürzere Phasen von Saftfasten in Kombination mit Milch-Brötchen-Diät.

■ Unverzichtbar für das Fasten ist auch ein Mindestmaß an körperlichen Energievorräten.

Stark Untergewichtigen fehlt das Brennmaterial für den „Ofen" der Müllverbrennung.

Menschen mit stark zehrenden Erkrankungen, wie zum Beispiel aktiver Tuberkulose oder entgleister Überfunktion der Schilddrüse (Hyperthyreose), sind für das Fasten nicht geeignet.

■ Manifeste **bösartige Erkrankungen wie Krebs** stellen bislang keine Indikation für das Fasten dar. Nicht etwa weil bewiesen wäre, daß Fasten schädlich sei, sondern weil die teils spektakulären Heilerfolge, zum Beispiel des österreichischen Heilpraktikers Breuß mit seiner 40tägigen Saftfastenkur, nicht so sorgfältig dokumentiert sind, daß man daraus guten Gewissens eine Empfehlung ableiten könnte.

Nach einer Operation, Chemotherapie und/oder Bestrahlung kann durchaus mit gutem Erfolg gefastet werden, um die Abwehr zu stärken. Voraussetzung ist selbstverständlich, daß man sich dabei wohl fühlt und der behandelnde Arzt nichts dagegen einzuwenden hat.

■ Bei **Schizophrenie, endogenen, manischen und depressiven Erkrankungen** sowie **Epilepsie** ist eine Fastentherapie nicht anzuraten. Bei diesen Erkrankungen müssen meist bestimmte Wirkspiegel von Medikamenten aufrecht erhalten werden, was durch die beschleunigte Darmpassage und unsichere Aufnahme (Resorption) beim Fasten Probleme aufwerfen kann.

■ Bei den **Eßstörungen** stellt die **Magersucht (Anorexia nervosa)** keine Indikation zum Fasten dar, während bei der **Eßsucht (Bulimie)** unter intensiver psychotherapeutischer Begleitung Fasten den Einstieg in neue Eßgewohnheiten bedeuten kann.

Wie faste ich richtig?

**Über die Hintergründe und Auswirkungen des Heilfastens sind Sie jetzt gut informiert.
Es ist an der Zeit, sich mit der Praxis des Fastens zu beschäftigen.**

Fastenmethoden

Sicherlich haben Sie schon von den verschiedensten Fastenformen gehört und fragen sich vielleicht, was denn nun eigentlich „richtiges“ Fasten ist.
Um etwas Ordnung in die verwirrende Begriffsvielfalt zu bringen, werden wir die anerkanntesten und seriösen Fastenformen im folgenden kurz vorstellen, ihre Besonderheiten hervorheben und erklären, in welchen Fällen sie besondere Vorteile bieten können.
Zum **strengen Fasten**, bei dem man nur Flüssigkeit aufnehmen darf, gehören nach der Definition der Ärztegesellschaft für Heilfasten und Ernährung

- das Saftfasten
- das Fasten mit Getreideschleimen
- das Molkefasten

Saftfasten

Zugeführt werden pro Tag:

- ¼ Liter frisch zubereitete heiße Gemüsebrühe und
- ¼ Liter frischer Gemüse- oder Fruchtsaft

(je nach Tradition der Fastenschule – Buchinger, Lützner, von Weckbecker, Spiske und andere) und

- ¼ Liter Kräutertee mit einem Eßlöffel Honig (etwa 30 g)
- Zusätzlich mindestens zwei Liter Flüssigkeit in Form von Wasser, Mineralwasser und/oder ungesüßtem Kräutertee.

Der auf diese Weise Fastende nimmt etwa 160–200 Kilokalorien (kcal) pro Tag auf.

Fasten mit Getreideschleimen

Besonders bei Magen- und Darmschleimhautempfindlichen haben sich zum Beispiel Dinkel-, Hafer-, Reis- und Leinsamenschleim gut bewährt.
Dabei nimmt der Fastende dreimal täglich jeweils einen viertel bis halben Liter des Getreideabsuds zu sich.
Auch bei dieser Fastenform muß man zusätzlich mindestens zwei Liter Flüssigkeit (ohne Kalorien) trinken.

Molkefasten

Als Molke bezeichnet man die Restflüssigkeit, die sich bei der Käseherstellung von der Milch abscheiden läßt.
Molke enthält Eiweiß, Milchzucker, Mineralien und Vitamine, aber kein Fett und kein Cholesterin. Pro Tag werden ein bis eineinhalb Liter Molke, zusätzlich Kräutertee, 80 ml Pflanzensäfte (Löwenzahn und Brennessel) und Mineralwasser getrunken.
Alles zuammengenommen kommt man so auf 300–350 kcal pro Tag.

Das Saftfasten und seine Modifikationen werden durch individuell abgestimmte Maßnahmen wie wohldosiertes Bewegungstraining, Kneippsche Anwendungen, Sauna, Förderung der Darmentleerung, Massagen und Entspannungsübungen ergänzt.

Fastenähnliche Therapieformen

In der Mayrschen Schule wird unterschieden zwischen:

- reinem Heilfasten nach Mayr, wobei nur Tee und Karlsbader Salz verabreicht werden, und der
- Milch-Semmel-Diät. Diese beinhaltet feste Nahrungsbestandteile und eine höhere Kalorienzahl und wird deshalb nicht mehr zu den strengen Fastenmethoden gezählt.

Die Milch-Semmel-Diät nach F. X. Mayr

Der österreichische Arzt Franz Xaver Mayr beobachtete zu Anfang dieses Jahrhunderts verschiedene Bauchkonfigurationstypen und schloß daraus auf den Ort und die Art der Störungen im Verdauungsapparat. Zur Wiederherstellung einer gesunden Darmtätigkeit entwickelte er die nach ihm benannte Milch-Semmel-Diät, zu der immer auch die tägliche Darmmassage gehört. Er erkannte, daß die Veränderung der Bauchform Haltungsschäden und Veränderungen der Gelenke nach sich ziehen kann, die sich nach einer erfolgreichen Darmsanierung wieder bessern.
Wie der Name schon sagt, zeichnet sich diese Therapieform durch die Einnahme von etwa drei Tage alten luftgetrockneten Semmeln aus, dazu gibt es bis zu einen Liter Milch (Butter- oder Vollmilch). Auf Vollkornprodukte wird in diesem Fall bewußt verzichtet, um den Darm zu schonen.
Die in Scheiben geschnittene Semmel dient vor allem der intensiven Kauschulung. Es wird nämlich jeder Bissen so lange sorgfältig gekaut, bis keine festen Bestandteile mehr im Mund zu spüren sind und ein süßlicher Geschmack anzeigt, daß ein Enzym aus dem Speichel, die Amylase, aktiv geworden ist und die Mehlstärke zu Zuckermolekülen aufspaltet. Nun nimmt man einen Löffel Milch in den Mund. Die Milch wird so bereits im Mund mit Verdauungssaft vermengt und bes-

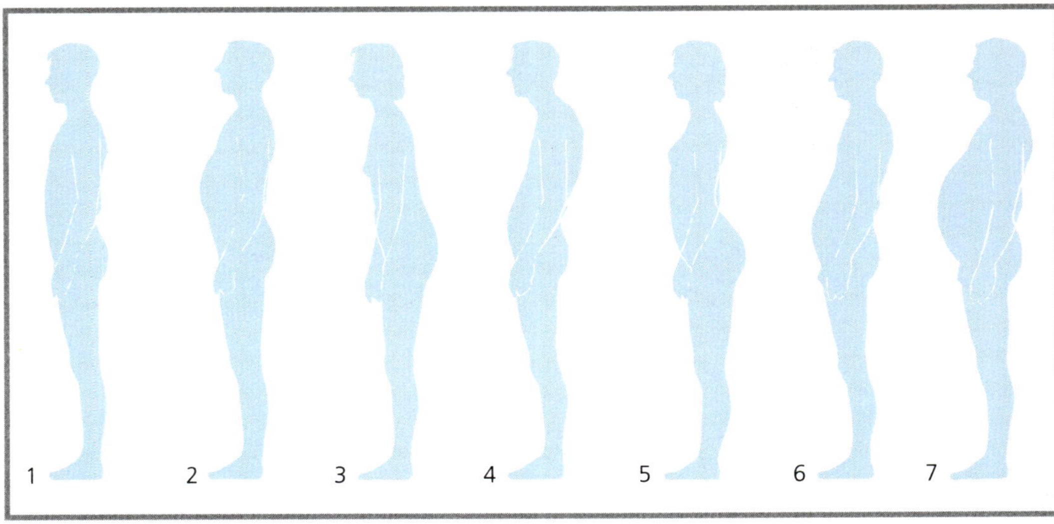

Die Bauch- und Haltungsformen nach F. X. Mayr mit den zugrunde liegenden Verdauungsproblemen
1 Normalhaltung
2 Habachthaltung, Magen durch chronische Störung vorgewölbt
3 Anlaufhaltung, vermehrte Gasbildung und Stuhlablagerung
4 Lässige Haltung, Muskelschwäche bei vermehrtem Darminhalt
5 Entenhaltung, vermehrte Stuhlablagerung, Becken weicht nach hinten aus
6 Sämannshaltung, abnehmende Gasbildung, „schlaffer Kotbauch"
7 Großtrommelträger, „Gas- und Kotbauch"

ser aufgeschlossen. Auf diese Weise können 20 Minuten vergehen, bis das Brötchen und die Milch nach den Gesetzen der Kunst vertilgt sind.

So wird der „Schlinger" zum Genießer, der Gourmand zum Gourmet, er erspart damit dem Darm Gärung und Fäulnis von unverdauter Nahrung.

Die Schroth-Kur

Wie bei vielen Begründern naturheilkundlicher Konzepte gab auch bei dem böhmischen Bauern und Fuhrmann Johann Schroth die eigene Krankheit den Anstoß zur Entwicklung einer neuen Heilmethode. Auf Anraten eines Wandermönchs behandelte er sein durch einen Pferdeunfall versteiftes Knie mit kalten Umschlägen, die er später noch mit wärmenden Decken umwickelte, und erlangte so die volle Beweglichkeit des Beins zurück. Aus dieser Erfahrung heraus prägte er den Spruch:

> **„In feuchter Wärme gedeiht Holz, Frucht, Wein, selbst Fleisch und Bein."**
> **Johann Schroth, Landwirt (1798–1845)**

Bei der Schroth-Kur wechseln sich drei Trockentage (Montag, Mittwoch und Freitag), zwei kleine Trinktage (Dienstag und Samstag) und zwei große Trinktage (Donnerstag und Sonntag) ab.

Während der **Trockentage** gibt es als einziges Getränk einen achtel Liter Wein. Semmeln und Zwieback können in beliebiger Menge gegessen werden.

Während der **kleinen Trinktage** gibt es mittags eine Kurspeise (Weinsuppe oder Haferbrei), dazu eine nicht begrenzte Anzahl von Kurgebäck. Abends darf man nach 18 Uhr bis zu einem halben Liter Wein trinken.

Bei den **großen Trinktagen** gibt es morgens einen viertel Liter Wein oder eine Hafersuppe, bei Stuhlproblemen auch einen Kräutertee zur Darmreinigung. Mittags wird eine Hafersuppe, Grießbrei mit Pflaumenkompott oder eine Pflaumensuppe mit Reis gereicht. Abends gibt es bis zu einem dreiviertel Liter Wein. Kurgebäck darf man zu allen Mahlzeiten unbegrenzt essen.

Auf die Kurwoche folgen sieben Aufbautage, während derer sich das Verdauungssystem wieder an die normale Nahrungsaufnahme gewöhnen kann.

Wein als Fastengetränk, das erscheint uns erst einmal seltsam. Dem liegt aber der Gedanke zugrunde, daß der Alkohol die peripheren Blutgefäße erweitert und so

den Stoffaustausch und den Abtransport von auszuscheidenden Substanzen fördert.

Da jedoch viele Menschen gemäß der heute üblichen Lebensart mehr Alkohol konsumieren als ihrer Gesundheit zuträglich ist, wird heute teilweise der Wein gegen Frucht- und Gemüsesäfte ausgetauscht.

Zur Kur gehört unbedingt der große „Dunstwickel". Der Kurende wird dazu in ein feuchtes Tuch gehüllt, mit weiten Decken umwickelt und mit einem Federbett zugedeckt, das festgezurrt wird. Die Mindestdauer dieser Anwendung beträgt drei bis vier Stunden.

Da der Dunstwickel einen festen Bestandteil dieser Kur darstellt und man ihn ohne fremde Hilfe nicht anlegen kann, ist dieses Verfahren zu Hause alleine nicht anwendbar.

Fasten in der Klinik

„Abnehmen können Sie doch auch zu Hause“, sagt der begutachtende Arzt zu dem hilfesuchenden Menschen, der sich gerade an den Gedanken herangeliebt hat, eine Fastenklinik aufzusuchen. *„Und außerdem, so dick sind Sie doch gar nicht!“*

Oft muß der Patient seinem Arzt mit großer Hartnäckigkeit klarmachen, warum stationäres Fasten sinnvoll ist und daß Fastenklinik nicht gleich Abspeckklinik ist, sondern in erster Linie eine naturgemäße Behandlung chronischer Erkrankungen.

Sich „ausklinken“ aus beruflichen und häuslichen Zwängen ist eine wesentliche Voraussetzung für den optimalen Heilerfolg einer Fastenperiode. So bietet sich die Chance, den Trampelpfad der verschleißenden Routine zu verlassen und innere Einkehr zu halten. Losgelöst von Streß und Termindruck wollen wir in dieser Zeit unserem Körper und unserer Seele die ganze Aufmerksamkeit schenken.

Oft hören wir vorwurfsvoll, wenn Kuranträge abgelehnt worden sind, „ich kann doch meinen Urlaub nicht dem Fasten opfern!“

Die Wurzel des Wortes „Urlaub“ liegt in „erlauben“. Was erlauben wir uns denn normalerweise? Sonnenbrand an Traumstränden, Zittern vor Flugangst in schrottreifen Düsenklippern, Mastkuren an übervollen Büfetts, ständig abgelenkt durch ein lückenloses Unterhaltungsprogramm, um bloß keinen Gedanken an sich selbst und die Richtigkeit der Investition aufkommen zu lassen. Warum erlauben wir uns nicht einfach eine Pause zugunsten unserer Gesundheit und Lebensfreude? Wie steigen wir denn nun in das Fasten ein?

Stimmen Sie sich auf das Fasten nicht mit einer üppigen fleisch- und fettstrotzenden „Henkersmahlzeit“ ein – Sie könnten es am ersten Fastentag mit Kopfschmerzen und Übelkeit büßen. Entlasten Sie den Körper bereits ein oder zwei Tage vor Fastenbeginn mit vegetarischer Kost. Freuen Sie sich auf die erlebnisreiche Reise durch das Reich des Fastens.

Medikamente beim Fasten

Oft noch bevor sich ein Patient zum Erstgespräch bei uns niederläßt, deponiert er seufzend eine Plastiktüte auf dem Tisch, angefüllt mit Dosen, Schächtelchen, Sprays und Tuben. Hier gilt es, fachkundig die Spreu vom Weizen zu trennen.

Die alten Fastenärzte konnten noch getrost zu Beginn alle Medikamente absetzen, da die damals zur Verfügung stehenden Präparate einfacher zu handhaben waren. Die heutigen, oft tief in Steuerungsmechanismen des Körpers eingreifenden chemischen Substanzen können oft nur ausschleichend abgesetzt werden, zum Beispiel **Betablocker.**

Auf **entwässernde Medikamente** hingegen sollte man baldmöglichst verzichten, da sonst zu starke Wasser- und Mineralverluste während des Fastens auftreten.

Medikamente, die einen Mangel ersetzen, wie zum Beispiel Schilddrüsenhormone, müssen weitergegeben werden. Beim Diabetiker muß die blutzuckersenkende Medikation weitgehend eingeschränkt oder ganz abgesetzt werden, um eine Unterzuckerung zu vermeiden.

Empfängnisverhütende Hormonpräparate sollten abends eingenommen werden, aufgrund der abführenden Maßnahmen ist jedoch kein sicherer Empfängnisschutz zu garantieren.

Marcumar-Patienten (blutverdünnendes Medikament) bedürfen einer sehr sorgfältigen Betreuung mit kurzfristigen Kontrollen der Blutgerinnung (Quick), da während des Fastens sehr wenig Wirkstoff benötigt wird. Sie dürfen unter keinen Umständen auf eigene Faust fasten.

Harnsäuresenkende Medikamente werden in der Regel weitergegeben, um den fastenbedingten Harnsäureanstieg abzufangen und Gichtanfälle zu vermeiden.

Während des Fastens sind alkoholhaltige Getränke tabu

Genussgifte

„Wenn ich schon aufs Essen verzichten soll, kann ich doch nicht gleichzeitig noch das Rauchen aufgeben!“

Glücklicherweise schmeckt die **Zigarette** beim Fasten nicht mehr so gut. Manchem Fastenden wird sogar regelrecht übel, so daß die Rauchentwöhnung beim Fasten erstaunlich leicht fällt, besonders in Einrichtungen, wo das Rauchen generell untersagt ist und autogenes Training sowie Gesprächstherapie unterstützend angeboten werden. Auch das Argument *„Wenn ich nicht mehr rauche, nehme ich an Gewicht zu“,* entfällt jetzt. In einer drei- bis vierwöchigen rauchfreien Periode bleibt Zeit, das weitere rauchfreie Leben zu organisieren, zum Beispiel Familie und Freunde um Mithilfe zu bitten. Wer Ihnen nach erfolgreicher Rauchentwöhnung die erste Zigarette schmackhaft machen will, kann nicht Ihr guter Freund sein. Entsagung kann bei dem, der es nicht schafft, Neid erzeugen. Laufen Sie nicht in diese Falle.

Auf **Alkohol** – ein Genußmittel, das von den meisten in zu hoher Dosis konsumiert wird – soll beim Fasten generell verzichtet werden. Er muß nämlich in der Leber abgebaut werden und behindert somit die dort auf Hochtouren laufenden Entgiftungsprozesse.

„Wenn ich aber Wein trinke, wiege ich am nächsten Tag weniger als sonst!“ Diese Beobachtung stimmt, ist aber nur Ausdruck einer kurzfri-

stig vermehrten Wasserausscheidung – Alkohol hemmt nämlich das antidiuretische Hormon, das normalerweise für einen ausgewogenen Wasserhaushalt sorgt. Unter dem Strich schlagen natürlich die zusätzlich zugeführten Kalorien zu Buche. Zu allem Überfluß behindert Alkohol noch die Harnsäureausscheidung, deren Menge im Blut durch das Fasten ansteigt. So drohen Gichtanfälle und die Bildung von Nierensteinchen. Ist es nicht schön, sich zu beweisen, daß man für einige Wochen locker auf Alkohol verzichten kann, als Bestätigung dafür, nicht wie bei einer Sucht abhängig zu sein?

Auch die im Alltagsstreß viel zu häufig eingesetzte Antriebspeitsche **Kaffee** oder **schwarzer Tee** ersparen wir unserem erschöpften Körper beim Fasten. Die Inhaltsstoffe Koffein und Thein verengen wie ein Medikament die Blutgefäße, was zwar subjektiv durch den ansteigenden Blutdruck anregend und euphorisierend wirken kann, gleichzeitig aber den Abtransport belastender Stoffwechselendprodukte behindert. Zudem können Röststoffe des Kaffees den leeren Magen-Darm-Trakt empfindlich reizen und in der Gallenblase peinigende Koliken hervorrufen.

Unterstützung der Ausscheidungswege

Gelingt es uns nicht, die durch das Fasten mobilisierten Stoffwechselgifte auszuscheiden, „setzen sie sich hinterher wieder wie in einem Putzeimer mit schmutzigem Wasser ab“ (Dr. von Weckbecker).

Erstes Gebot: Regelmäßig reichlich trinken, pro Tag mindestens zwei bis drei Liter kalorienfreie Getränke wie Wasser und Kräutertee, denn unsere Nieren brauchen Spülwasser.

Sie müssen die vermehrte Anflut von Harnsäure ausscheiden, die bei zu geringem Flüssigkeitsangebot in den Nieren zu Steinen auskristallisieren oder in den Gelenken einen Gichtanfall auslösen kann. Wer diese Erkrankungen kennt, weiß wie unangenehm und schmerzhaft sie sind.

Zweites Gebot: Förderung der Ausscheidung über den Darm. Er wird als die nach innen gestülpte Wurzel des Körpers bezeichnet, weil er die für uns wichtigen Nährstoffe aufnimmt. Beim Fasten ersparen wir ihm diese Aufnahmeleistung weitgehend. So wird die Energie frei für die verstärkte Ausscheidung der anfallenden Abfallprodukte. Damit diese nicht zu lange im eher trägen Fastendarm verweilen und den Körper durch Fäulnis- und Gärungsgifte belasten, ist eine regelmäßige Darmreinigung erforderlich. Verschiedene Methoden haben sich dabei traditionell bewährt. Dazu gehören:

Abführende Salze

Der wirksame Bestandteil abführender Salze ist das Sulfat-Ion. Ist es mit Magnesium verbunden, nennt man es **Bittersalz.** Ist es an Natrium gekoppelt, spricht man von **Glaubersalz.** Es existieren verschiedene Mischungen, zum Beispiel F. X. Passagesalz oder Karlsbader Salz. Auch in der Dosierung unterscheiden sich die Gepflogenheiten. Eine Schule bevorzugt eine einmalige Gabe von 40 g Glaubersalz auf einen dreiviertel Liter Wasser zu Beginn des Fastens, was manchmal bei empfindlichen Personen zu Schleimhautreizungen führen kann. Bei uns in der Klinik hat sich die tägliche Gabe von einem Teelöffel Bittersalz oder F. X. Passagesalz auf einen viertel Liter Wasser bewährt.

Bauchmassage (Colonmassage)

Besonders in der Mayrschen Tradition spielt die tägliche Darmmassage eine wesentliche Rolle. Dabei handelt es sich um kreisförmige, leichte Druckbewegungen im Uhrzeigersinn, die über Magen- und Darmbereich in einer festgelegten Reihenfolge ausgeführt werden (Praktische Anleitung siehe Seite 106).

Einläufe und Darmbäder

Schon die alten Griechen kannten Einläufe. Sie benutzten dazu ein abgesägtes Kuhhorn, das sie in den After einführten und sich damit gegen die Strömungsrichtung in einen Fluß stellten. Aus dieser doch etwas groben Form der Darmreinigung haben sich verschiedene Methoden entwickelt:

- **Klistiere** (von Klysma, griechisch: Spülung, Reinigung). Dabei wird das Spülwasser mit einem Gummiball oder der Klistierspritze verabreicht.
- Bei den **Einläufen** mit einem Irrigator (ein bis zwei Liter fassendes Gefäß mit Schlauch und Einführungsstück) wird über die Höhe, auf der das Gefäß gehalten wird, der hydrostatische Druck verändert und so zur Druckregulierung verwendet (Hebe-und-Senk-Einlauf).
- Bei den **Darmbädern** und **Hydro-Colon-Apparaturen** werden größere Wassermengen in kleinen Portionen druckkontrolliert zur Spülung verwendet. Der Wechsel von Fülle und Entleerung stimuliert die Darmnerven (vegetativer Reiz).

Durch die Ausscheidung der Gärungs- und Fäulnisstoffe stellt sich ein wohliges Gefühl der Entlastung ein. Zu Beginn der Fastenperiode auftretende Kopfschmerzen oder Migräneanfälle zum Beispiel lassen sich durch zweimalige Anwendung der Einläufe pro Tag deutlich abmildern. Übelkeit oder ein flaues Gefühl im Magen klingen rasch ab.

Bei Saunabesuchen aktivieren wir die Ausscheidung von Stoffwechselabfällen über die Haut und stabilisieren den Kreislauf

Haut und Schleimhäute als Ausscheidungsorgane

So wie unsere innere Oberfläche, der Darm, in der Lage ist, Stoffwechselprodukte zu entsorgen, vermag auch unsere äußere Oberfläche, die Haut, wichtige Ausscheidungsfunktionen zu übernehmen. Sehr wirksam unterstützen wir sie dabei durch regelmäßige **Saunabesuche.** In der Wärme öffnen sich die Poren der Haut, und über die Schweißabsonderung kommt unsere „dritte Niere" in Gang. Der Schweiß besteht zu 99 % aus Wasser. Das verbleibende Hundertstel setzt sich aus Kochsalz, Kaliumbicarbonat, Harnstoff, Harnsäure und flüchtigen Fettsäuren zusammen. Machen Sie beim Fasten aber bitte keinen Sauna-Marathon. Wegen des manchmal labilen Kreislaufs reicht es völlig, wenn Sie pro Woche einbis zwei Gänge zu je zehn Minuten absolvieren.

Zur Tonisierung der Blutgefäße nach dem Saunagang ist eine gute Abkühlung erforderlich, auch im Gesichts- und Brustbereich. Dort befinden sich viele Kälterezeptoren, die die in der Sauna erweiterten Blutgefäße wieder straffen und so einen ausreichenden Blutdruck erzeugen. Dabei sollte der Abkühlvorgang von den Händen und Füßen zum Körperstamm hin erfolgen

Jede Form von Bewegung an der frischen Luft erleichtert die Säureabatmung und steigert das Wohlbefinden

(zum Beispiel mit dem Kneippschlauch), um Stauungen zu vermeiden. Das kalte Tauchbecken sollten nur gut trainierte Saunagänger benutzen.

Vor und nach dem Saunabesuch achten Sie bitte darauf reichlich zu trinken. Falls Sie Schwindel übermannt, legen Sie sich sofort hin und lagern die Beine hoch. Das aus den Beinen zurückflutende Blut – Autoinfusion genannt – versorgt das Gehirn schnell mit Nahrung und Sauerstoff, so daß Sie in Sekundenschnelle wieder einen klaren Kopf bekommen.

Kneippsche Anwendungen

Auch Vollbäder mit Kräuterzusätzen mobilisieren in der Haut abgelagerte Stoffe und fördern deren Ausleitung. Wechselanwendungen wie Wechselsitzbad, Wechselfußbad, Armgüsse und Schenkelgüsse fördern die Durchblutung. Der Wechsel von warm und kalt erweitert und verengt die Blutgefäße. Dieser rhythmische Wechsel, „Gefäßpumpe" genannt, bleibt auch noch nach Anwendung wirksam, so daß die im Blut gelösten Stoffe besser in den großen Kreislauf gelangen und so entweder über Leber und Gallenflüssigkeit in den Darm gelangen oder über die Nieren ausgeschieden werden können.

Die Lunge als Ausscheidungsorgan

Gasförmige Ausscheidungen verlassen unseren Körper auch über die Lunge. Die vermehrte Säureanflut, besonders in den ersten Fastentagen, äußert sich oft in einer beschleunigten Atmung, wobei vermehrt Kohlensäure abgegeben wird, die in der Luft zu Kohlendioxid und Wasser zerfällt. Der Körper verliert also auch über die Atmung mehr Wasser als gewöhnlich, das ihm durch Trinken wieder zugeführt werden muß. Jede Art von Bewegung an der frischen Luft erleichtert die Säureabatmung und Sauerstoffaufnahme.

Durchblutungsfördernde und stabilisierende Maßnahmen

„Oh Schreck, es ist doch erst halb sechs!" tönt der noch schlaftrunkene Fastende, wenn ihm das kühle Essigtuch flink über Arme, Hals und Oberkörper huscht. Doch wenn er dann, fest eingepackt, in wohliger Wärme weiter ruhen darf, wird ihm sehr schnell klar, welch angenehme Wohltat ihm zuteil wurde.

Die Oberkörperwaschung stimuliert die Herz- und Kreislaufzentren, so daß das Aufstehen nachher leichter fällt. Außerdem wirkt der Kaltreiz gerade zu so früher Stunde über Reflexbögen durchblutungsfördernd auf die Nebennierenrinden. Dadurch wird der morgendliche Kortisonausstoß gefördert, was zum Beispiel Gelenkpatienten als schmerzlindernd empfinden.

Aus der Wunderpalette des Kneippschen Therapiesystems unterstützen individuell dem Krankheitsbild entsprechend ausgewählte **Wechselbäder** und **Güsse** den Fastenerfolg. Es bestehen Nervenverbindungen zwischen der Haut und tieferliegenden zugeordneten Reflexzonen. Wirkt nun auf ein umschriebenes Hautareal zum Beispiel ein Temperaturreiz ein – warm oder kalt –, so lassen sich dadurch die Durchblutung und der Stoffwechsel des mit diesem Hautareal verbundenen Organs beeinflussen, durch Wechselsitzbäder zum Beispiel der Magen-Darm-Trakt oder durch Armgüsse die Brustorgane Herz und Lunge.

Zur Kreislaufanregung, insbesondere nach der Mittagsruhe, bewähren sich Wechselarmbäder und -güsse, die reflektorisch günstig auf Herzkranzgefäße und Blutdruckverhalten einwirken. Auch Saunabesuche fördern die Durchblutung und regulieren den Blutdruck.

Ebenso kann auch die Durchblutung unserer überlasteten Leber durch feuchtwarme Packungen gesteigert und damit ihre Entgiftungsleistung gefördert werden. Besonders beim Fasten soll ja unser größtes Entgiftungsorgan immer auf Hochtouren arbeiten, um die Flut der aus dem Gewebe freigesetzten Schadstoffe zu bewältigen und in ausscheidungsfähige Substanzen umwandeln zu können. Diesen Zweck er-

füllen zum Beispiel **Heublumen-** und **Kartoffelsäcke,** die man am besten während der Ruhepause nach der Mittagsbrühe auflegt.
Je nach Krankheitsbild erfolgt die Verordnung spezieller manueller Behandlungen, die von den Patienten sehr geschätzt werden. Wer entspannt sich nicht gerne unter der Hand eines einfühlsamen Masseurs und genießt die wohltuende Wirkung der Lockerung und gesteigerten Durchblutung?
Die zarte, eher streichelnde Technik der **Lymphdrainage** entstaut den stockenden Fluß der Gewebsflüssigkeit und unterstützt in idealer Weise die entwässernde Wirkung des Fastens, zum Beispiel bei Schwellungen der Beine (Ödeme).

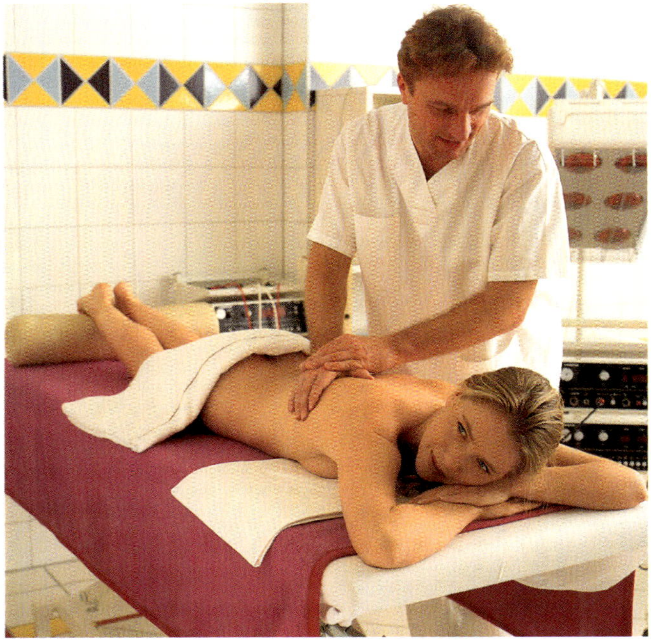

Eine Massage lockert verspannte Muskeln und steigert die Durchblutung des gesamten Körpers

Kopflymphdrainagen lassen die oft zu Beginn des Fastens auftretenden lästigen Kopfschmerzen oder die Migräne schneller abklingen.
Die regulierende Wirkung des Fastens auf alle vegetativen Funktionen kann auch durch **Bindegewebs-, Fußreflex-** und **Akupunkt-Massagen** gefördert werden.
Eine ganz wesentliche Aufgabe des Fastenarztes liegt darin, dem schlaffen Wohlstandsbürger nicht nur die geliebten passiven „Streicheleinheiten" zu verordnen, sondern ihm auch **aktives Bewegungstraining** schmackhaft zu machen. Wer wüßte nicht, daß es oft eines Quäntchens Aktivierungsenergie bedarf, um die Hürde zur sportlichen Betätigung zu nehmen? Beim Fasten sollten Sie sich diesen Ruck geben. Spaziergänge an frischer Luft erleben wir als Balsam fürs Gemüt, und sie erleichtern dem Körper die Sauerstoffaufnahme. **Einzel- und Gruppengymnastik,** auch die Chirogymnastik nach Dr. Laabs, dehnen Bänder, Sehnen und Gelenkkapseln und bringen oft eine ungeahnte Beweglichkeit in durch Untätigkeit „eingerostete" Bewegungsapparate. Das wird vom Patienten oft als kleines Wunder empfunden: *„Diese Bewegung konnte ich ja schon lange nicht mehr ausführen."*
Übergewichtige profitieren von **Bewegungsübungen im Wasser.** Sie entwickeln dank des Auftriebs eine erstaunliche Behendigkeit, wenn die an Land durch die Schwerkraft komprimierten Gelenke entlastet werden. Zur Leistungssteigerung von Muskulatur und Herz-Kreis-

Ausdauersportarten trainieren auf schonende Weise die Muskulatur und das Herz-Kreislauf-System

lauf-System benötigen wir jedoch ein individuell dosiertes Ausdauer-Bewegungsprogramm.

Als Sportarten kommen zum Beispiel Radfahren, Schwimmen, Laufen (Joggen), leichtes Bergwandern und Skilanglauf in Frage. Im stationären Bereich bevorzugen wir das Standfahrrad, das allen Altersgruppen und Therapieniveaus gerecht wird und eine ständige Überwachung des Patienten gewährleistet.

Anzustreben ist eine Trainingspulsfrequenz von 180 Schlägen pro Minute minus Lebensalter (sofern nicht frequenzbeeinflussende Medikamente, zum Beispiel Betablocker, eingenommen werden). Wir wollen ja niemanden überfordern und an seine Leistungsgrenzen jagen, sondern Freude an der Bewegung wecken. Wir wollen den Patienten geradezu süchtig nach ihr machen. Unterstützt werden wir in unserem Bestreben durch den Ausstoß von körpereigenen Glückshormonen, den Endorphinen, die das euphorische Gefühl nach körperlicher Aktivität bewirken.

Ausdauertraining sollte als wichtiger Eckpfeiler unserer Gesundheitspflege zur Routine werden

Machen Sie sich die Ausdauerbewegung während des Fastens zu einer lieben Gewohnheit, so daß sie Ihnen später so selbstverständlich wie das tägliche Zähneputzen wird.

Wie fühlt man sich beim Fasten? – Fastenreaktionen

Das Eintauchen in die Fastenwelt erleben wir wie die Reise in ein unbekanntes Land. Da gibt es Anpassungsschwierigkeiten und Umstellungsreaktionen.

Am ersten Tag können unschöne **Kopfschmerzen und Übelkeit** den Fastenden verunsichern, aber vertrauen Sie darauf, daß diese Beschwerden rasch abklingen. In hartnäckigen Fällen helfen Kopflymphdrainagen und zweimalige Einläufe. Wer zum ersten Mal fastet, wartet oft ängstlich darauf, irgendwann von einem **quälenden Hungergefühl** überfallen zu werden. Bei den meisten stellt sich dieses aber gar nicht ein, sofern sie die geforderte Menge (mindestens zwei bis drei Liter pro Tag) trinken und für eine ausreichende Darmentleerung gesorgt ist.

Beim Fasten entleert man üblicherweise dünnflüssigen Stuhl, den man nicht mit einer Durchfallerkrankung verwechseln darf. Auch ein **Rumoren und Gurgeln in den Därmen** ist Musik in den Ohren des Fastenarztes; es zeigt an, daß genügend Flüssigkeit die leeren Darmschlingen durchspült. Die Leber produziert ja auch während des Fastens noch Gallensäuren. Diese aggressiven Säfte sollen bei fehlendem Speisebrei möglichst schnell verdünnt und durch den Darm gespült werden, um die Schleimhaut nicht unnötig zu reizen.

Die meisten verspüren in den ersten Tagen ein **vermehrtes Ruhebedürfnis.** Sie genießen das Loslassen von häuslichen Zwängen und beruflichen Terminen. Im weiteren Fastenverlauf stellt sich ein Gefühl **körperlicher Leichtigkeit** ein. Die Schlafphasen werden kürzer.

Oft tauchen **intensive Traumbilder** auf. Augustinus sagt: „Wenn Du fastest, dann wachst Du; murre nicht, nütze die Zeit." Also ein gutes Buch lesen, meditieren, Freunden einen Brief schreiben, die eigenen Gedanken ordnen …

Besonders die Fastenden der unteren Gewichtsklassen klagen häufig über **Frieren und Frösteln.** Der Körper registriert natürlich die verminderte Energiezufuhr und möchte als Sparmaßnahme eine zu hohe Wärmeabstrahlung über die Körperoberfläche verhindern. Er stellt die peripheren Blutgefäße eng, Hände und Füße fühlen sich kühler an. Da heißt es, sich warm anzuziehen und sich mit heißen Getränken zu verwöhnen.

Bei längerem Fasten können plötzliche Lagewechsel zu **vorübergehenden Schwindelgefühlen** führen. Bei genauerem Nachfragen haben die Patienten meist dann doch zu wenig getrunken. Ansonsten helfen dem Kreislauf homöopathische Herz-Kreislauf-Tropfen, Kaltwasseranwendungen, anregende Kräuterbäder und -tees sowie Bewegungstraining auf die Sprünge.

Manchmal läßt die **Konzentrations- und Merkfähigkeit** zu wünschen übrig, zuweilen etwas respektlos als „Fastenschwachsinn" bezeichnet. Beim Autofahren ist deshalb Vorsicht und Zurückhaltung geboten. Es beglücken uns aber auch sprühende, kreative Phasen, in denen manch einer neue Pläne schmiedet, in schwierigen Entscheidungen Lösungen findet, seinen Betrieb umorganisiert, dichtet oder malt. Wer einmal diese **Euphorie** erlebt hat, wird allein um ihretwillen das Fasten als einen festen Baustein in sein Lebensprogramm integrieren. Gönnen Sie diesen Fähigkeiten die Zeit, sich voll zu entfalten. Verzichten Sie auf die Ablenkung durch seichte Fernsehprogramme. Sie werden durch ein ungeahntes friedvolles Gefühl inneren Glücks belohnt werden.

Müdigkeit und Schlappheit sowie **Muskelkrämpfe** können auf Mineralstoffmangel hindeuten. Wir prüfen deshalb bei Fasteneintritt und bei Bedarf die Kalium- und Magnesiumwerte. Einen Magnesiummangel finden wir zu Beginn gar nicht so selten, da zum Beispiel Zuckerkrankheit, erhöhter Alkoholkonsum, Gebrauch von Entwässerungstabletten und Fehlernährung den Magnesiumspiegel absinken lassen. Eine Laborkontrolle dieses wichtigen „Anti-Streß-Minerals" erfolgt bei den hausärztlichen Routineuntersuchungen normalerweise nicht. Einen Kaliummangel finden wir meist bei regelmäßigem Gebrauch von Entwässerungsmitteln und beim Mißbrauch von Abführmitteln. Ein Fasten bei mangelhafter Versorgung des Körpers mit beiden Mineralien kann zu lebensbedrohlichen Herzrhythmusstörungen füh-

ren. Sie werden deshalb bei Bedarf substituiert.

„Herr Doktor, wieviel Gewicht kann ich denn abnehmen?“ Der Verlauf der **Gewichtsabnahme** beim Fasten ist von großen individuellen Unterschieden geprägt. Durch die Entleerung des Darms und die anfänglich verstärkte Wasserausscheidung purzeln die Pfunde an den ersten zwei Tagen oft rasch: ein bis zwei Kilogramm pro Tag sind keine Seltenheit. Dann nimmt die Abnahmekurve einen meist wellenförmigen Verlauf. Ein Stillstand der Gewichtsabnahme kann Ausdruck von Störungen im Wasserhaushalt sein oder durch Muskeltraining verursacht sein – aufgebautes Muskelgewebe ist nämlich spezifisch schwerer als abgebautes Fettgewebe.

Männer nehmen im Durchschnitt 300 bis 500 Gramm pro Tag, Frauen 200 bis 300 Gramm ab. Das wird durch hormonelle Unterschiede erklärt.

Wichtig für das Wohlbefinden während des Fastens: die gründliche Mund- und Zahnhygiene

Typisch vor allem beim ersten Fasten ist der **klebrige, dicke Belag der Zunge,** der von gelblich-weiß bis braun-schwarz alle Schattierungen annehmen kann. Die allmähliche Rückbildung des Belags war für die alten Fastenärzte ein Zeichen der inneren Reinigung. Frischer Atem und eine reine Zunge galten als Zeichen, das Fasten erfolgreich beenden zu können. Man kann die lästigen Beläge mit der Zahnbürste abschrubben oder mit einem Löffel abschaben. Um den Mundgeschmack zu verbessern und die Mitmenschen nicht zu vertreiben, können pflanzliche Ölmischungen auf Thymian-, Salbei- oder Pfefferminzbasis verwendet werden.

Über die Haut verlassen oft **übelriechende Ausdünstungen** den Körper. Die Haut bedarf deshalb der besonderen Pflege. Als Zeichen für eine verstärkte Ausscheidung von Giftstoffen können juckende Ekzeme auftreten. Bei empfindlicher Haut bewähren sich Öl-, Molke- oder Kleiebäder. Im Fastenverlauf gewinnt die Haut jedoch als Zeichen der allgemeinen Regeneration ein frischeres, jugendlicheres Aussehen zurück.

„Brauche ich jetzt eine neue Lesebrille? Ich sehe so schlecht.“ Wir können den Patienten beruhigen.

Während des Fastens verringert sich manchmal vorübergehend das **Sehvermögen** in der Nähe. Das wird durch ein Absinken des Augeninnendrucks und damit eine Verschiebung des optischen Brennpunkts auf der Netzhaut und durch eine veränderte Tätigkeit des Linsenmuskels erklärt. Später verschwinden diese Störungen wieder, und die Sehfähigkeit ist oft besser als zuvor.

Manchmal melden sich beim Fasten **alte Beschwerden** wieder. Operationsnarben und verheilte Knochenbrüche können vorübergehend schmerzen; dies ist eine Folge der örtlich gesteigerten Stoffwechselaktivität.

Wir beobachten immer wieder, daß, je sorgfältiger sämtliche Ausscheidungswege unterstützt werden und auf ausreichende Flüssigkeitszufuhr geachtet wird, um so seltener sogenannte Fastenkrisen auftreten.

Man kann keinem Patienten prophezeien, wie der Fastenverlauf sich bezüglich körperlicher und geistiger Reaktionen gestalten wird. Der gleiche Mensch kann mehrere Fastenperioden ganz unterschiedlich durchleben. Meistens fällt das zweite Fasten aber deutlich leichter als das erste – die Angst vor der Ungewißheit fällt weg.

Die Fastendauer

„Wie lange muß ich denn fasten?" Schon bei der Fragestellung möchten wir den Patienten auf wesentliche Grundgedanken aufmerksam machen: *„Müssen tun Sie gar nichts."* Fasten ist ja ein freiwilliger Verzicht. Es ist ein ureigener Entschluß, der uns nicht von außen übergestülpt werden kann.

Zum therapeutischen Fasten gehören immer zwei: Der Patient, der will – er bringt ja seine Leistung ein –, und der Arzt, der ihn führt und fachkundig berät. Bei der üblichen Arzt-Patienten-Beziehung spielt ja der arme Kranke – lateinisch patiens, also der Leidende, der Duldsame – die passive Rolle. **Er wird** mit Tabletten behandelt, **er wird** operiert ... Beim Fasten **bringt er** die Leistung. Er muß den aktiven Part übernehmen. Für den Arzt bleibt die Rolle eines guten Regisseurs oder Dirigenten.

Optimales Heilfasten braucht Zeit

Die optimale Fastendauer hängt vom Krankheitsbild, vom Konstitutionstyp und natürlich von der Zeitvorgabe des Patienten ab. Bei ausgeprägten metabolischen Syndromen mit erheblichem Übergewicht sind zum Beispiel Fastenzeiten von fünf bis sechs Wochen Dauer keine Seltenheit. Bei Gelenkerkrankungen strebt man eine Fastendauer von mindestens 21 Tagen an, um die stoffwechselträgen Knorpel- und Sehnenstrukturen durch den Fastenstoffwechsel überhaupt genügend zu erreichen. Beim eher normal- bis untergewichtigen, vegetativ schwachen Patienten können 14 Tage ausreichen.

Für den Erfolg einer Fastentherapie orientieren wir uns nicht an fixen Zeitplänen, sondern nehmen Rücksicht auf den Fastenverlauf und die mentale Kraft des Patienten. Zur Dauer der Therapie läßt sich ganz allgemein sagen: Optimales Heilfasten braucht Zeit. Wir müssen uns einfügen in die natürliche Geschwindigkeit der Stoffwechselabläufe – wir können sie nicht beliebig beschleunigen.

„Herr Doktor, ich habe nur eine Woche Zeit. Packen Sie alles rein, Anwendungen von früh bis spät, damit ich mein Ziel erreiche." Mein lieber Freund, die Natur läßt sich nicht zwingen. Säen wir heute Salat, können wir nicht nach einer Woche die Köpfe ernten. Natürlich macht es Sinn, auch „nur eine Woche" der Gesundheit zu widmen. Aber schrauben Sie die Erwartungen nicht zu hoch, verlangen Sie vom Körper nichts Unmögliches.

Zur sinnvollen Fastenkur gehört unbedingt der gründliche Kostaufbau

Kommt nun ein Fastendebütant und kann sich zum Beispiel nur drei Wochen von seinem selbständigen Betrieb freimachen, bescheiden wir uns oft mit einer 14tägigen Fastenperiode mit korrektem Kostaufbau – selbst wenn längeres Fasten angebracht gewesen wäre. Hält besagter Faster voller Freude nämlich drei Wochen durch, gerät aber zu Hause im Trubel der Termine zu früh in den Sog der alten Eßgewohnheiten, kann er schnell einen Teil des Fastenerfolgs wieder zunichte machen.

Kostaufbau nach dem Fasten

„Fasten kann ein jeder, abfasten nur ein Weiser", sagte schon Bernhard Shaw. Wie recht er doch hat. Wie dieser Spruch verdeutlicht, sind die ersten Tage nach dem Fasten noch ein wichtiger Bestandteil der Fastentherapie und entscheiden ganz wesentlich über das Ausmaß und die Dauer des Therapieerfolges. Der Körper stellt nämlich die Stoffwechsel- und Verdauungsfunktionen nur langsam um. Dies gelingt ihm um so besser, je mehr wir mit Disziplin und Ruhe den Organismus dabei unterstützen.

Bezüglich des Abfastens oder Fastenbrechens, wie der Beginn der festen Nahrungsaufnahme auch genannt wird, haben sich verschiedene Riten entwickelt. In manchen Kliniken wird die erbrachte Leistung des Patienten vom Arzt durch Entzünden einer Kerze oder Überreichen einer Fastenurkunde gewürdigt. Ob die erste Nahrung ein Apfel, eine Möhre oder eine Kartoffelsuppe ist, die Prinzipien für die Rückkehr von der Fastenreise in die Welt des Essens sind überall gleich:

- Essen Sie in Ruhe (keine Ablenkung durch Musik, Fernsehen, Zeitung, Gespräche etc.).
- Kauen Sie jeden Bissen gut und gründlich (32mal ist ein guter Richtwert).
- Genießen Sie das Essen. Durch unsere Sinne (Augen, Nase, Geschmack) werden auf dem Reflexweg der Fluß der Verdauungssäfte und das Sättigungsgefühl gefördert.
- Trinken Sie beim Essen nichts, um die Verdauungssäfte nicht zu verdünnen.
- Essen Sie zu Beginn nur kleine Portionen. Es ist erstaunlich, wie schnell ein Sättigungsgefühl auftritt. Der Magen hat sich verkleinert, der Körper hat gelernt, mit weniger auszukommen.
- Achten Sie auf eine salzarme Zubereitung der Speisen. Der Körper

Faustregel: Der Kostaufbau soll etwa einem Drittel der Fastendauer entsprechen

nimmt sonst begierig Kochsalz auf, durch Wasserbindung entstehen dann unliebsame Flüssigkeitsansammlungen im Gewebe, die sogenannten Ödeme. Das salzarme Essen fällt jedoch nicht schwer, da beim Fasten die Geschmacksknospen regenerieren. Sie werden erstaunt feststellen, wie köstlich zum Beispiel wieder eine einfache Pellkartoffel schmeckt. Kräuter als Würze offenbaren neue kulinarische Höhepunkte. Wir werden zum Feinschmecker, zum Gourmet. Als unangenehm empfindet man dagegen die stark gesalzenen Speisen in den üblichen Restaurants (der Wirt profitiert ja schließlich vom reichlichen Getränkekonsum).

▪ Gewöhnen Sie sich an eine überwiegend vegetarische Kost, die in Konsistenz und Zubereitung der Leistungsfähigkeit des Verdauungsapparates angepaßt ist. Menschen mit einer schwachen Verdauung vertragen zum Beispiel gut Kartoffeln und gedünstetes Gemüse. Junge, athletische Konstitutionen können auch Rohkost und Grobkörniges gut verwerten.

▪ Warten Sie noch eine Weile, bevor Sie sich wieder Fleisch und „Genußmittel" wie Alkohol und Süßigkeiten genehmigen, wenn Sie überhaupt noch das Bedürfnis danach haben.

▪ Am besten gelingt – vor allem beim ersten Mal – der Kostaufbau in der Gemeinschaft Gleichgesinnter. Die richtig zubereiteten und portionierten Speisen brauchen nur noch sorgfältig genossen zu werden. Beim Abfasten zu Hause lauern allerlei Verführungen, die einen starken Willen erfordern. Hier lockt die Banane, dort ein knuspriges Vollkornbrötchen, da die Tomate, dort der Mozzarella-Käse. Hier ein Bissen, da ein Schnäppchen – plötzlich stellt sich ein schier unstillbarer Heißhunger ein, kurz darauf gefolgt von quälendem Völlegefühl und dem unbehaglichen Gedanken, etwas falsch gemacht zu haben.

▪ Die Dauer des Kostaufbaus richtet sich nach der vorangegangenen Länge der Fastenperiode. Nach einer Woche Fasten kann der Kostaufbau schneller erfolgen als zum Beispiel nach einer sechswöchigen Fastenperiode. Als Faustregel kann gelten: Ein Drittel der Fastenzeit soll der Dauer des Kostaufbaus entsprechen. Nach 21 Fastentagen folgen also sieben Tage für den Kostaufbau.

FASTEN ZU HAUSE

Jedes Jahr, wenn bei der Anprobe der luftigen Frühlingsgarderobe die Winterpölsterchen mahnend hervortreten, quälen sich viele durch eine der zahllosen Diäten ein paar Pfund an Gewicht ab – das schlanke Covergirl der Zeitschrift mit der Diätanleitung vor Augen. Sind die Tage des Hungerns und der Entbehrung dann endlich vorbei, sorgt die Fortführung der „normalen Ernährung" dafür, daß Waage und Spiegel wieder bald die alte Botschaft vermitteln: „Du bist zu schwer, du bist zu dick." Die derart Enttäuschten suchen nun weiter nach einer neuen Wunderdiät, die in schillernden Farben und blumigen Worten schnellen Erfolg verspricht. Wieder verabschieden sich einige Pfunde, um nach kurzer Zeit in alter Fülle in Erscheinung zu treten. Dieses ständige Auf und Ab des Gewichts wird in Anlehnung an das bekannte Kinderspielzeug als Jo-Jo-Effekt bezeichnet.

Weder für die körperliche Gesundheit noch für die psychische Ausgeglichenheit bringt dieser immerwährende Wechsel Vorteile – im Gegenteil. Das Gewicht kann sich sogar nach oben schaukeln. Bei Reduktionsdiäten der verschiedensten Art quälen immer wieder Hungergefühle, da keine grundsätzliche Stoffwechselumstellung wie beim Fasten erfolgt:

- Die Gabe fester Speisen erzeugt Appetit und Lust auf mehr.
- Nur bei entleertem Darm sind wir frei von Hungergefühlen.
- Kauaktivitäten fördern auf dem Reflexweg die Bildung von Verdauungssaft in Mund, Magen, Leber, Bauchspeicheldrüse und Darm.

Nach solch einer Zeit permanenter Hungergefühle und Entbehrungen lockt hinterher eine starke Versuchung, das Vermißte auszugleichen, manchmal sogar im Übermaß. Die Irrfahrten durch das Karussell des bunten Diätenspektakels hinterlassen auch tiefe Spuren in der Seelenlandschaft der Betroffenen. Jeder fehlgeschlagene Diätversuch bestätigt ja die eigene Schwäche und Zügellosigkeit und führt auf einer Spirale der Enttäuschungen und des immer mehr und mehr schwindenden Selbstwertgefühls immer tiefer in einen Zustand der tiefen Hoffnungslosigkeit und Niedergeschlagenheit (Depression).

Mißerfolg zerstört Motivation, nur Erfolg schafft Antrieb. Im Gegensatz zu den verschiedenen Reduktionsdiäten bietet das richtig durchgeführte Fasten entscheidende Vorteile:

- Durch die tiefgreifende Stoffwechselumstellung auf „innere Ernährung" und die Darmentleerung leidet der Fastende nicht unter Hungergefühl.

■ Die beim Fasten regenerierten Gescmacksknospen vermitteln bei korrekt durchgeführtem Kostaufbau ein lustvolles Eßerleben, wobei das Sättigungsgefühl bereits bei geringer Nahrungsaufnahme eintritt: Der ideale Einstieg in neue Eßgewohnheiten.

■ Der Körper erzeugt Energie aus Überflüssigem, aus Krankmachendem, aus Belastendem, aus Ablagerungen und aus Transportbarrieren. Dadurch können Nährstoffe besser angeliefert, Stoffwechselendprodukte schneller abtransportiert werden. Die Körperfunktionen verbessern sich mit günstiger Auswirkung auf Abwehrkraft und Leistungsfähigkeit.

■ Der Fastende erlebt elementare seelische Veränderungen. Sowohl die Beschäftigung mit alten, „unverdauten" Problemen, als auch die Hochstimmung der sogenannten Fasteneuphorie brechen verkrustete Routinen auf und wecken Lust auf positive Umgestaltung der Lebensführung nach dem Motto: Veränderung macht Spaß!

Wer kann zu Hause fasten?

Freudestrahlend verkündet uns ein Fastenwilliger bei einem Beratungsgespräch: *„Ich bin gesund, ich kann doch alleine zu Hause fasten!"*

Was bedeutet nun Gesundheit? Können wir jedermann ermuntern, alleine zu Hause darauf los zu fasten, oder welche äußeren und inneren Voraussetzungen sollten erfüllt sein?

Nach der Definition der Weltgesundheitsorganisation (WHO) bedeutet Gesundheit den Zustand völligen körperlichen, psychischen und sozialen Wohlbefindens. Legen wir diese Kriterien zugrunde, werden wir auf dieser Welt nicht allzuviele Gesunde finden. Oder haben gar die Lästerzungen recht, die behaupten „gesund heißt nur nicht ausreichend untersucht"?

Wer in seinem Leben das erste Mal fastet, tut gut daran, mit einem erfahrenen Fastenarzt oder Fastenleiter Kontakt aufzunehmen. Nicht selten findet sich nämlich im Blut von „Gesunden" ein erhöhter Harnsäurespiegel oder liegen die Meßwerte von Kalium und Magnesium im unteren Normbereich oder gar darunter. Beides kann beim Fasten zu unangenehmen Erscheinungen führen. Die beim Fasten üblicherweise weiter ansteigende Harnsäure kann Nierensteine verursachen und Gichtanfälle auslösen. Magnesiummangel begünstigt Muskelkrämpfe. Kalium- und Magnesiumunterversorgung kann Herzrhythmusstörungen auslösen. Wenn der Fastenbeginn aus einem Mangel heraus erfolgt, kann es sein, daß der Mineralgehalt der Gemüsebrühe und Säfte nicht ausreicht, um den Spiegel anzuheben.

Außerdem erscheint es sinnvoll, eine Basisbestandsaufnahme der gesundheitlichen Verfassung zu machen, da viele Leute nicht schmerzhafte Veränderungen wie erhöhte Werte von Cholesterin, Blutfett, Blutzucker und Blutdruck nicht bemerken und erst eine Kontrolle nach dem Fasten den erbrachten Erfolg dokumentiert.

Fasten allein oder in der Gruppe?

Beim ersten Mal empfiehlt sich das Fasten in der Gruppe, da bei eventuell auftretenden Unpäßlichkeiten kompetenter Rat eingeholt werden kann und das Gruppenerlebnis eventuell Ängste zerstreuen kann. Kontaktadressen finden Sie im Anhang (siehe Seite 150).

Vorbereitung der Fastenzeit

Wenn Sie sich entschlossen haben, alleine zu Hause eine Fastenkur durchzuführen, sollten Sie sich vorab schon einige Gedanken zur Durchführung machen, damit es auch wirklich eine wohltuende Zeit für Sie wird. Wir besprechen im folgenden die wichtigsten Fragen, die Sie sich selbst wohl auch stellen werden.

Die Wahl des richtigen Zeitpunkts

- Wählen Sie einen Zeitraum, in dem Sie frei von sozialen und familiären Verpflichtungen bleiben können. Prüfen Sie Ihren Kalender auf Einladungen zu runden Geburtstagen, Taufen, Hochzeiten, Betriebs- oder Vereinsveranstaltungen. Blättern Sie nach, ob nicht Neffe Xaver Kommunion oder Enkelin Julia Konfirmation feiert. Sie können natürlich auch durch das Einplanen einer Fastenzeit ungeliebten Einladungen mit süßen Buttercremetorten und fetten Grillwürsten elegant aus dem Wege gehen. Nicht wenige unserer Patienten flüchten vor dem zwanghaften Befeiertwerden und legen die Fastenperiode um ihren Geburtstag herum.
- Besonders schwer haben es die Frauen, die eine Familie verköstigen und die gesamte Hausarbeit verrichten müssen. Der Umgang mit duftenden, wohlschmeckenden Speisen und das Beobachten der Familienmitglieder beim genußvollen Essen stellen sich als schwer überwindbare Hürden in den Fastenweg. Lassen Sie sich helfen, bitten Sie Ihre Lieben um aktive Mithilfe und Verständnis. Bereiten Sie sie darauf vor, daß Einkaufen und Kochen in den kommenden Tagen mehr auf ihren eigenen Schultern ruhen werden. Vielleicht können Sie eine Haushaltshilfe organisieren, die Kinder ins Ferienlager schicken, oder Sie warten zum Beispiel einen Zeitpunkt ab, zu dem sich Ihr Mann auf Dienstreise befindet.

Versuchen Sie, die Aufgaben im Haushalt – ganz besonders den Umgang mit Nahrungsmitteln – während des Fastens zu delegieren

- Wenn Sie berufstätig sind, verwöhnen Sie sich mit einem Kurzurlaub. Besonders in Berufen, in denen Sie auf konstant hohe Konzentrationskraft angewiesen sind, oder in denen Sie häufig Ihr Auto bewegen müssen, könnten Sie besonders beim Erstfasten durch eventuelle Reaktionen beeinträchtigt sein. Außerdem bleibt bei einem Berufstag wenig Zeit für Maßnahmen, die Durchblutung und Ausleitung unterstützen. Auch die geistige Bereinigung im Fasten mit Freiräumen für Entspannung und Meditation kommt im reizüberfluteten Berufsalltag zu kurz.
- Wählen Sie die optimale Jahreszeit. Grundsätzlich gibt es keine Jahreszeit, in der man nicht erfolgreich fasten könnte. In der christlich-abendländischen Kultur finden wir traditionell in der vorösterlichen Zeit eine große Bereitschaft zu fasten. In dieser Zeit des Erwachens aus der Winterträgheit ist es Brauch, den Frühjahrsputz mit Entrümpelung und Reinigung von Haus und Hof durchzuführen. So liegt der Gedanke nicht fern, auch etwas für die innere Bereinigung zu leisten. Das durch das Fasten bewirkte Erstarken der körperlichen und geistigen Kräfte steht in einem innigen, harmonischen Gleichklang mit dem Steigen der Säfte, dem Sprießen des neuen zarten Grüns und dem duftenden Hauch der Blüten.

Wer die Möglichkeit hat zu wählen, kann die zu seinem individuellen Typ am besten passende Jahreszeit bevorzugen. Wer zum Frieren und Frösteln neigt, wird sich in der warmen Jahreszeit beim Fasten wohlfühlen, da gerade jene empfindlichen Pflänzchen bei der reduzierten Energiezufuhr zum Zittern neigen. Die gut gepolsterten „Bulleröfen“ hingegen genießen beim Fasten die kühle Jahreszeit.

Was soll ich einkaufen?

■ Beginnen Sie frühzeitig, verderbliche Nahrung, die Sie während des Fastens nicht benötigen, gezielt aufzubrauchen.

■ Prüfen Sie, ob Ihnen eine funktionsfähige **Wärmflasche** zur Verfügung steht.

■ Besorgen Sie sich ein leicht zu bedienendes Einlaufgerät, einen **„Irrigator"**, möglichst mit Hahn zur Steuerung der Wasserzufuhr. Es gibt auch „Reiseirrigatoren", die gut zu verstauen sind, mit Beutel und zerlegbarem Schlauch.

■ Für die Trockenbürstenmassage schaffen Sie eine **Bürste** an, am besten aus natürlichen Materialien, je nach Empfindlichkeit der Haut nicht zu hart, möglichst mit abnehmbarem Stiel.

■ Besorgen Sie hochwertiges **Hautöl**, das Ihrem Hauttyp entsprechen sollte.

■ Kaufen Sie **100 g Bittersalz** oder ein Päckchen **F. X. Passagesalz.**

■ Decken Sie sich für den Entlastungstag mit **Obst**, reichlich **Rohgemüse** und Kartoffeln ein, um Säfte und Gemüsebrühe herstellen zu können. Nehmen Sie möglichst Produkte aus ökologischem Anbau. (Siehe Liste Seite 153) Zur Herstellung von Säften benötigen Sie – über den Daumen gepeilt – etwa die doppelte Menge an Obst und Gemüse. Aus 500 g Möhren lassen sich zum Beispiel 200 bis 250 ml Saft gewinnen.

■ Falls Sie Gemüsesäfte nicht frisch pressen können, besorgen Sie sich hochwertige Säfte aus dem Reformhaus, Naturkostladen oder der Bioecke Ihres Einkaufszentrums, zum Beispiel Rote-Bete-, Sauerkraut- oder Mischgemüsesaft. Günstig sind auch milchsauer vergorene Säfte und Kanne Brottrunk.

■ Versorgen Sie sich mit einem guten **natriumchloridarmen Wasser** Ihrer Wahl. Es sollte nicht nur während der Fastenzeit in Ihrem Haushalt zur Verfügung stehen.

■ Überprüfen und ergänzen Sie Ihr Sortiment an **Kräutertees.**

■ Kaufen Sie ein Glas **Honig** guter Qualität.

Empfehlenswerte Kräutertees und ihre Wirkung

Echte Kamille	entzündungshemmend, krampflösend bei Magen-Darm-Erkrankungen
Fenchel, Kümmel, Anis	entblähend
Grüner Hafertee	harnsäuresenkend
Brennessel, Schachtelhalm	harntreibend
Rosmarin	anregend, durchblutungsfördernd
Melisse, Baldrian	beruhigend, schlaffördernd
Ginseng	abwehrsteigernd, anregend

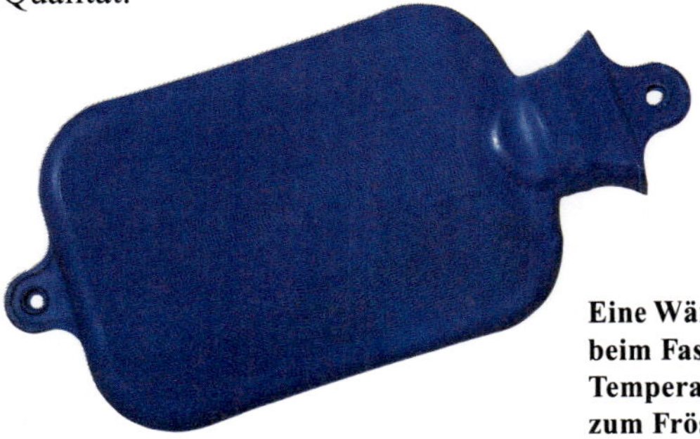

Eine Wärmflasche sorgt beim Fasten für wohlige Temperaturen, wenn Sie zum Frösteln neigen

Ablauf des Entlastungstages

Dieser Tag leitet von der Betriebsamkeit des Alltags zur Oase des Fastens über, er dient der körperlichen und geistigen Einstimmung. Üben Sie bereits am Entlastungstag die **Trockenbürstenmassage am Morgen.** Sie

- fördert die Hautdurchblutung
- beschleunigt den Strom der Lymphflüssigkeit
- befreit die Haut von abgestorbenen Zellen
- stimuliert die Hautnerven und wirkt dadurch anregend, zum Beispiel bei niedrigem Blutdruck und Anlaufschwierigkeiten beim Aufstehen
- öffnet die Hautporen und begünstigt die Entgiftungsfunktion der Schweiß- und Talgdrüsen

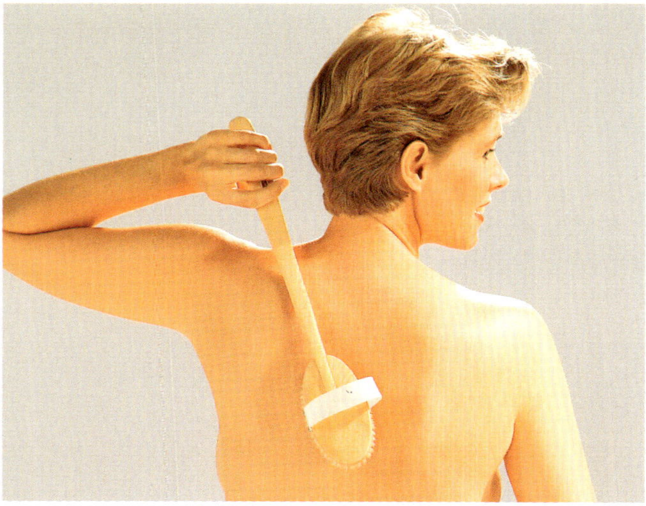

Die morgendliche Trockenbürstenmassage erfrischt, indem sie Stoffwechsel und Kreislauf auf Touren bringt

Nicht anwenden dürfen Sie die Trockenbürstenmassage bei entzündlichen Veränderungen der Haut und über Krampfadergebieten.

Anleitung

- Bürsten Sie an Armen und Beinen grundsätzlich in Längsrichtung, zum Körper hin.

Beginnen Sie am rechten Fuß, und streichen Sie zuerst über die Außenseiten der Beine aufwärts, dann über die Innenseiten. Auf Oberschenkeln und Gesäß können Sie dabei kleine Kreise machen.

- Auf die gleiche Weise massieren Sie die Arme: an der rechten Hand beginnend erst über die Außenseiten, dann über die Innenseiten immer zum Körper hin bürsten.
- Am Körper (Bauch, Brust und möglichst auch Rücken) bürsten Sie kreisförmig, wobei Sie den Druck bei der Bewegung in Richtung Herz verstärken.
- Zum Schluß cremen Sie sich gründlich mit einer zu Ihrem Hauttyp passenden Pflegecreme oder -lotion ein.

Versuchen Sie schon am Entlastungstag, **Genußmittel** wie Kaffee, Alkohol, Nikotin oder Süßigkeiten zu meiden.

Im Speiseplan sollen Fisch, Eier, Geflügel, Fleisch und Wurstwaren nicht mehr enthalten sein, um Fäulnisprozesse des tierischen Eiweißes im Darm zu vermeiden.

Beschränken Sie sich auf **drei kleine vegetarische Mahlzeiten,** die Sie gut durchkauen und einspeicheln.

So können Sie am besten Ihren Pulsschlag zählen

Trinken Sie über den Tag verteilt **zwei bis drei Liter Flüssigkeit** in Form von Wasser oder ungesüßtem Kräuter- oder Früchtetee.

Bewegen Sie sich, wenn möglich, reichlich an frischer Luft. Ein flotter Spaziergang ist gut, Ausdauertraining noch besser.

Üben Sie das Pulszählen, damit Sie bei sportlichen Aktivitäten immer kontrollieren können, ob sich Ihr Pulsschlag im optimalen Bereich befindet.

ANLEITUNG

- Legen Sie die Spitzen von Zeige- und Mittelfinger der rechten Hand innen unterhalb des Daumens an das linke Handgelenk oder an die linke Halsseite neben den Kehlkopf.
- Zählen Sie die Pulsschläge 15 Sekunden, und multiplizieren Sie die Zahl mit vier, das ergibt die Pulsschläge pro Minute.
- Erstrebenswert während des Ausdauertrainings ist ein Puls von 180 minus Lebensalter, also für einen Vierzigjährigen: 180 minus 40 = 140 Schläge pro Minute.

Üben Sie entspannende Formeln im Sinne des **autogenen Trainings** ein.

ANLEITUNG

- Legen Sie sich so auf den Rücken, daß Sie bequem und schmerzfrei liegen. Sollte Ihnen die liegende Position unangenehm sein, können Sie auch die sitzende Droschkenkutscherhaltung einnehmen: Die Füße sind schulterbreit leicht gespreizt, die Hände ruhen locker im Schoß oder auf den Oberschenkeln, so daß sie einander nicht berühren. Lassen Sie das Kinn auf das Brustbein sinken.
- Schließen Sie die Augen entspannt, ohne sie zusammenzuknei-

Für Entspannungs- und Suggestionsübungen können Sie zwischen der Droschkenkutscherhaltung ...

fen oder zu blinzeln, und achten Sie auf Ihre Atemzüge, bis sie ruhig und gleichmäßig sind.

▪ Denken Sie folgende Sätze vier- bis fünfmal hintereinander – langsam, in Ihrem eigenen Rhythmus – und versuchen Sie, sich mit Ihrer ganzen Vorstellungskraft in das Gefühl hineinzuversetzen:

Ich bin ganz ruhig.
Der rechte Arm ist schwer, angenehm schwer.
Der rechte Arm strömt warm.
Es atmet.
Das Herz schlägt ganz ruhig.
Das Sonnengeflecht strömt warm, ganz warm.

Anschließend denken Sie die Formeln jeweils einmal in umgekehrter Reihenfolge durch.

▪ Mit der Aufforderung *„Ich komme zurück"*, strecken Sie die Arme, atmen tief durch, richten sich auf und öffnen die Augen. Sie empfinden ein wohliges Gefühl konzentrierter Entspannung.

Wie der Name „autogenes **Training"** signalisiert, beherrscht man es nicht sofort nach der ersten Übung, sondern erlernt von Mal zu Mal mehr, sich zu konzentrieren, das Wärmegefühl zu erspüren und eine größere Entspannung und Ruhe zu erreichen.

Üben Sie zunächst drei Wochen lang dreimal täglich für jeweils

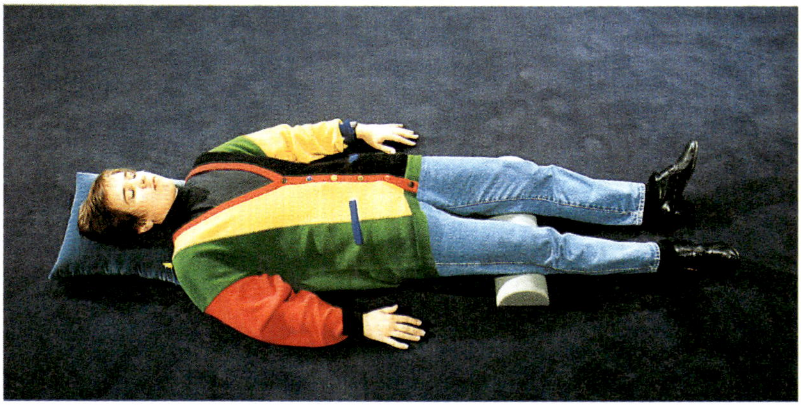

... und der gestreckten Rückenlage wählen

20 Minuten, dann genügt oft ein kurzes Sich-Konzentrieren auf die Formel „Ich bin ganz ruhig“, um die gewünschte Entspannung herbeizuführen.

Starten Sie schon am Entlastungstag den **liebevollen Umgang mit sich selbst.** Treten Sie vor den Spiegel, und begrüßen sie sich liebevoll mit dem Vornamen, zum Beispiel: *„Liebe Anneliese, Du bist mein größtes Glück!“*

Beginnen Sie, ein kleines **Fastentagebuch** zu führen, in dem Sie körperliche und seelische Veränderungen und Eindrücke festhalten.

Lösen Sie abends einen Teelöffel **Bittersalz oder F. X. Passagesalz** in etwa einem achtel Liter Wasser auf. Dies ist die Stammlösung für den ersten Fastentag.

Vorschlag für eine Menüfolge am Entlastungstag

Morgens:
Obst der Saison, zum Beispiel Äpfel, Bananen, Pfirsiche, Melone etc.

Mittags:
Vorspeise: Salate der Jahreszeit, zum Beispiel Feldsalat, Endivien, Lollo rosso, Tomaten, Sprossen, Fenchel und Staudensellerie mit einem leichten **Essig-Öl-Dressing.**

ANLEITUNG

Nehmen Sie dazu

- den Saft von einer halben Zitrone oder drei bis vier Eßlöffel Weinessig
- einen halben Teelöffel Senf

Wer sich selber liebevoll annehmen kann, ist auch anderen Menschen gegenüber offener und herzlicher

- drei bis vier Eßlöffel kalt gepreßtes Sonnenblumen- oder Olivenöl
- zwei Eßlöffel gehackte Salatkräuter
- eine zerdrückte Knoblauchzehe

und mischen Sie alle Zutaten gut durch.

Hauptgang: Pellkartoffeln mit gemischtem Gemüse, reichlich mit möglichst frischen Kräutern gewürzt.

ANLEITUNG

Sie benötigen
- eine oder zwei Kartoffeln
- eine Zwiebel
- ein Zucchino
- zwei Tomaten
- eine Paprika
- zwei Zehen Knoblauch
- gerebelten Rosmarin, Oregano, Hefeflocken oder Vitan körnig
- etwas Olivenöl für die Pfanne

Die Kartoffeln kochen Sie mit Schale, bis sie durch sind, und pellen sie anschließend.
Waschen und zerkleinern Sie das Gemüse. Wenden Sie es bei kleiner Hitze im Olivenöl.
Geben Sie den Knoblauch durch eine Knoblauchpresse oder hacken Sie ihn mit den Gewürzkräutern klein.
Schmoren Sie Gemüse und Kräuter etwa 10 Minuten, und geben Sie alles auf einen Teller zu den Pellkartoffeln.

Abends:
Zum Abendessen gibt es eine leichte Gemüsebrühe.

ANLEITUNG

Sie benötigen
- eine mittelgroße Kartoffel
- eine Fenchelknolle
- eine Petersilienwurzel
- eine kleine Möhre
- einen halben Liter Wasser
- Hefeflocken, frisch gehackte Petersilie und/oder andere frische Gewürzkräuter

Putzen und waschen Sie das Gemüse und schneiden Sie es dann klein.
Kochen Sie es 20 bis 30 Minuten bei kleiner Hitze.
Drücken Sie das weich gekochte Gemüse mit dem Wasser durch ein feines Sieb, würzen Sie die Suppe mit den Hefeflocken, und streuen Sie zum Schluß die gehackten Gewürzkräuter darüber.

Der erste Fastentag

Es liegt in unserer Freiheit, ob wir dem kommenden Tag einen positiven oder negativen Stempel aufdrücken.
Stimmen Sie sich positiv auf den Tag ein:

„Ich freue mich auf die Erfahrung des Fastens."
„Ich fühle mich stark und werde es bestimmt schaffen."
„Das Fasten bringt mir Veränderung, Veränderung macht Spaß."

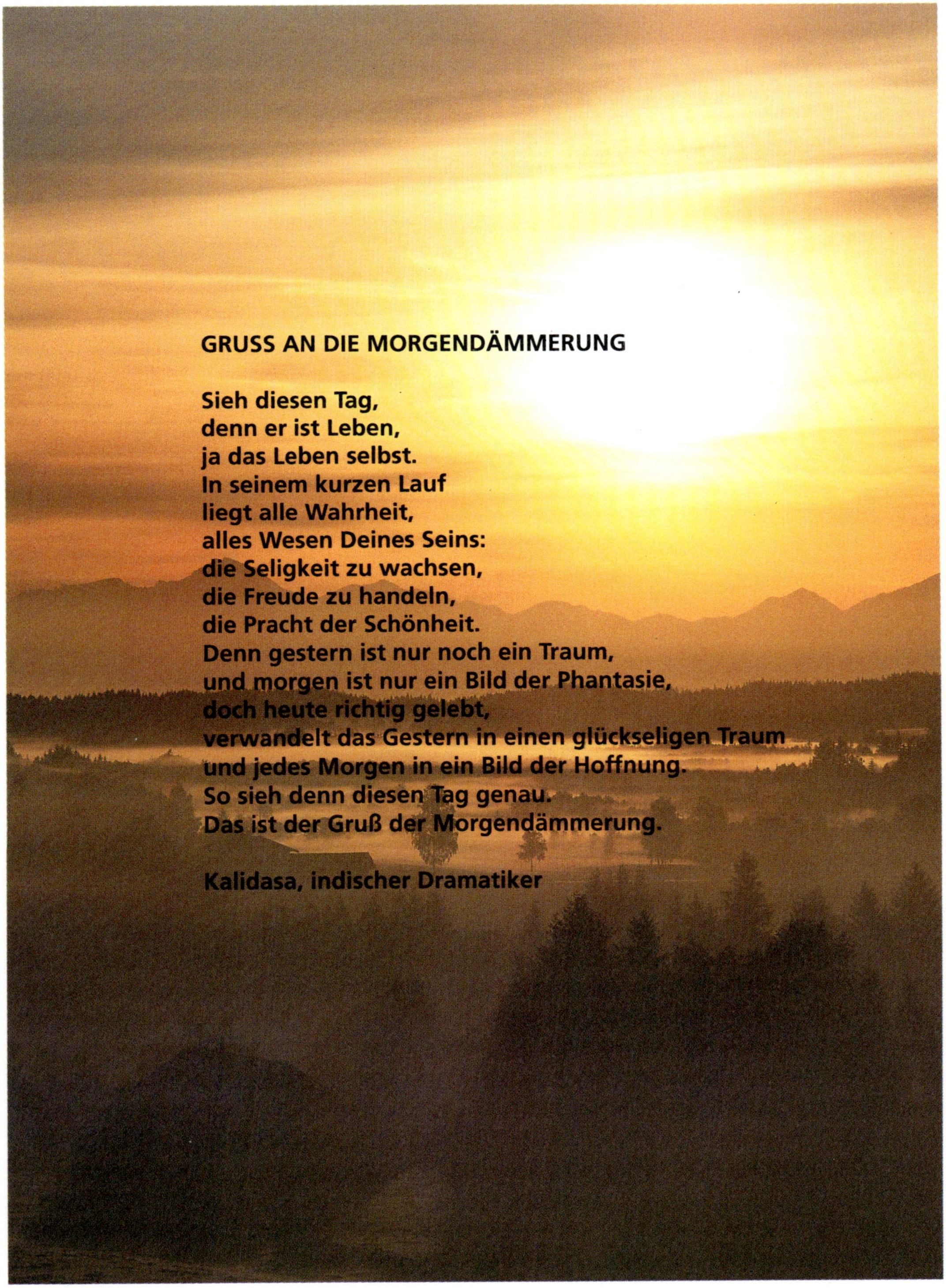

GRUSS AN DIE MORGENDÄMMERUNG

Sieh diesen Tag,
denn er ist Leben,
ja das Leben selbst.
In seinem kurzen Lauf
liegt alle Wahrheit,
alles Wesen Deines Seins:
die Seligkeit zu wachsen,
die Freude zu handeln,
die Pracht der Schönheit.
Denn gestern ist nur noch ein Traum,
und morgen ist nur ein Bild der Phantasie,
doch heute richtig gelebt,
verwandelt das Gestern in einen glückseligen Traum
und jedes Morgen in ein Bild der Hoffnung.
So sieh denn diesen Tag genau.
Das ist der Gruß der Morgendämmerung.

Kalidasa, indischer Dramatiker

In dieser positiv dynamischen Grundstimmung beginnen wir noch im Bett mit einem sehr wirkungsvollen Bewegungstraining, das den Kreislauf anregt und die Muskulatur festigt. Es handelt sich um eine Übung der **Chirogymnastik nach Dr. Laabs**, die er mit der treffenden Bezeichnung „Scheibenwischer" versehen hat.

ANLEITUNG

- Legen Sie sich entspannt auf den Rücken, die Beine sind leicht gespreizt und angewinkelt.
- Während Sie den Kopf nach rechts drehen, bewegen Sie gleichzeitig beide Knie nach links, möglichst bis auf die Matratze runter.
- Dann in umgekehrter Reihenfolge den Kopf nach links wenden, und die Beine nach rechts führen.
- Diese Übung in ruhigem Wechsel etwa fünf Minuten lang durchführen.

Der Kreislauf ist nun angeregt. Stehen Sie auf und **begrüßen** sich freundlich im Spiegel:
„Liebe(r) ..., Du bist mein größtes Glück."

Füllen Sie nun die Lösung des **Bittersalzes** mit warmem Wasser auf einen viertel Liter auf, und trinken Sie es zügig aus. Keine Angst, bei dieser geringen Menge an Abführsalz sind keine explosionsartigen Entleerungen zu befürchten.
Nun folgt die **Trockenbürstenmassage,** die Sie ja schon vom Entlastungstag her kennen (siehe Seite 88).

Um sich von belastenden Darminhaltsstoffen, die Mißempfindungen und Hungergefühle hervorrufen können, zu befreien, reinigen Sie sich mit einem **Einlauf.** Wer noch nie so eine Maßnahme erlebt hat, mag dem Ganzen skeptisch gegenüber stehen. Keine Angst, lassen Sie sich von dem angenehmen Wohlbefinden danach überraschen.

ANLEITUNG

- Füllen Sie den Einlaufbecher mit einem Liter lauwarmem Wasser.
- Befestigen Sie das gefüllte Gefäß circa einen halben Meter über dem Niveau, auf das Sie sich legen möchten, zum Beispiel an einen Nagel oder einen Kleiderständer.
- In das Bett kommt eine schützende Unterlage, zum Beispiel eine Plastikplane.
- Legen Sie sich auf die Seite, nahe dem Bettrand.
- Führen Sie das vorher eingefettete Darmrohr vorsichtig in die Darmöffnung ein.
- Öffnen Sie nun den Hahn, so daß die Flüssigkeit langsam in den Darm einläuft.
- Versuchen Sie, das Wasser einige Minuten im Darm zu halten.
- Entfernen Sie dann das Klistierrohr und entleeren den Stuhl wie gewohnt auf der Toilette.
- Diesen Vorgang sollten Sie am ersten Fastentag zweimal wiederholen.

Andere Variante:

- Befestigen Sie das Einlaufgefäß an einer Türklinke oder dem Handtuchhalter im Bad.

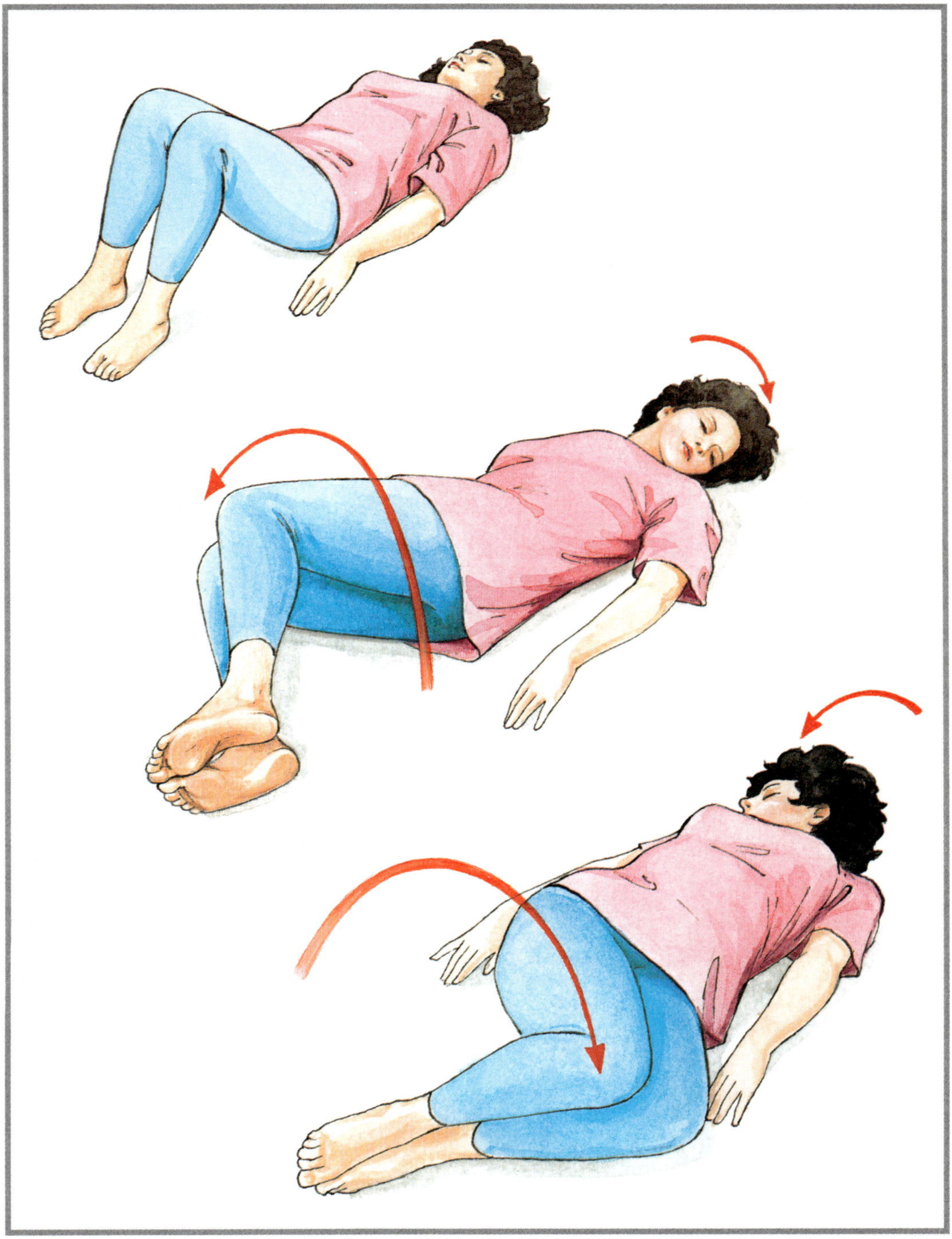

Mit dem „Scheibenwischer“ nach Dr. Laabs bringen Sie Ihren Kreislauf in Schwung

- Führen Sie das Darmrohr im Knien ein.
- So können Sie das Wasser auf allen Vieren in entspannter Körperhaltung in den Darm einlaufen lassen.

Dem Einlaufwasser kann man auch verschiedene Zusätze beimengen, zum Beispiel entzündungshemmende Kamillenlösung.
Im Anschluß nehmen Sie sich Zeit für eine intensive Körperreinigung in Form von **Wechselduschen.** Die Temperatur des kalten Wassers sollte 16 bis 18 Grad Celsius, die des warmen etwa 39 Grad betragen. Die letzte Duschphase wird immer mit kaltem Wasser durchgeführt. Setzen Sie besonders die Kälterezeptoren (Temperaturfühler) im Bereich des Gesichtes, des Nackens und des Oberkörpers intensiv dem Wasserstrahl aus.
Jetzt wird es Zeit für ein **„Frühstück"** aus frischgepreßtem Möhrensaft (ein Pfund Möhren ergibt etwa 250 ml Saft). Fügen Sie dem Saft einige Tropfen hochwertiges Pflanzenöl zu, damit der Körper die fettlöslichen Vitamine gut aufnehmen kann.

Wirkung von Kräuterzusätzen beim Vollbad	
Heublume, Hafer	auflösend, gut bei rheumatischen Beschwerden
Baldrian	beruhigend
Rosmarin	anregend
Molke, Kleie	hautpflegend (bei trockener und entzündlich veränderter Haut)

Wichtig: Stürzen Sie das wohlschmeckende Getränk nicht einfach schnell und lustlos hinunter, sondern behalten Sie es im Mund und speicheln es genußvoll Schluck für Schluck ein. Das erleichtert Magen und Darm die Verdauungstätigkeit.
Nun wird es Zeit für ein bißchen Bewegung. Beginnen Sie mit einigen gymnastischen **Übungen zur Lockerung und Dehnung** (Stretchingübungen).
Als **Ausdauertraining** wählen Sie eine Sportart, die Ihren Neigungen und Ihrem derzeitigen Körpergewicht gerecht wird. Zeigt die Waage noch zuviel an, sind zur Schonung der Gelenke Radfahren, Ergometertraining und Schwimmen besonders günstig.
Bei allen Sportarten versuchen Sie, eine **Pulsfrequenz** von 180 minus Lebensalter zu erreichen. Also zum Beispiel ein 35jähriger: 180 minus 35 = 145 Schläge pro Minute (zur Messung siehe Seite 89). Diese Pulsaktivität sollte für zehn, besser noch für zwanzig Minuten aufrechterhalten werden.

Im Anschluß an den Sport tut ein 15- bis 20minütiges **Kräutervollbad** sehr gut, es entspannt vor allem die Muskulatur.
Sie können je nach Situation und Befinden Kräuterzusätze mit unterschiedlicher Wirkung verwenden.
Nach dem Vollbad folgen ein **kurzer kalter Abguß** und **circa 30 Minuten Ruhe.**
Mittags gönnen wir uns einen halben Liter **Gemüsebrühe** (Rezept siehe Seite 92).

Die wohlige Müdigkeit, die sich nach dem Genuß der Brühe einstellt, nutzen wir für eine Mittagsruhe. Dabei unterstützen wir unsere Entsorgungsfabrik – die Leber – mit einer **feuchtwarmen Packung.**

ANLEITUNG

- Umwickeln Sie eine heiße Wärmflasche mit einem feuchten Tuch, und legen Sie sich auf den rechten Oberbauch (unterhalb des Rippenbogens).
- Darüber breiten Sie ein frisches Frotteetuch.

Die feuchte Wärme fördert die Durchblutung und damit die Entgiftungsleistung der Leber.
Es bietet sich nun an, am Ende der Mittagsruhe in wohlig entspannter Körperlage das **autogene Training** zu üben (siehe Seite 90).

Nachdem wir uns mit der Formel *„ich bin ganz wach"* wieder zurückgeholt haben, beleben wir unseren Kreislauf mit einem **Wechselarmguß.**
Vorbedingung für diese Wechselanwendungen sind ein warmer Körper und ein warmer Raum. Wer friert oder fröstelt, sollte sich keiner Kaltanwendung unterziehen.
Sie benötigen:

- Badewanne oder Duschbecken
- einen kleinen, circa 30 cm hohen Schemel oder einen umgedrehten Plastikeimer
- einen Duschschlauch ohne Duschkopf (ideal ist ein Kneippschlauch mit einem Durchmesser von etwa zwei Zentimetern). Bei nach oben gerichtetem Schlauch soll das Wasser circa eine Handbreit nach oben sprudeln, dann hat der Wasserstrahl den richtigen Druck.

Merke:
Beim Fasten bitte keinen falschen Ehrgeiz entwickeln. Auch der innere Arzt braucht Energie

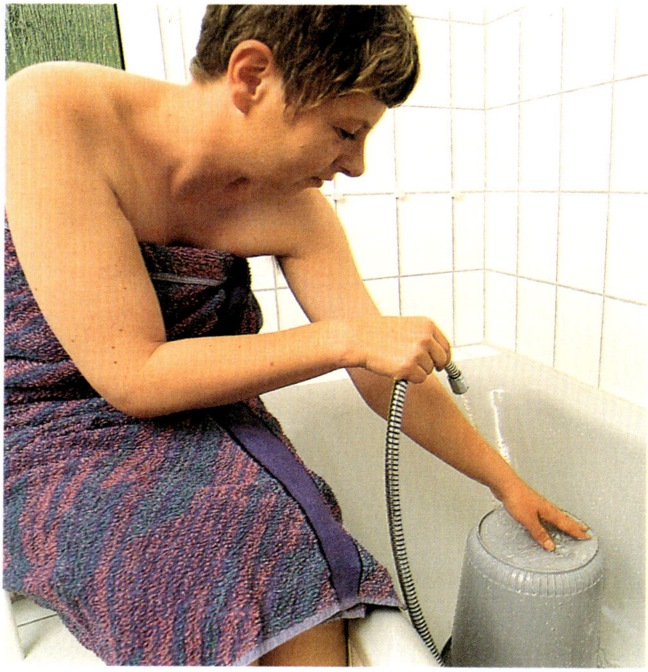

Der Wechselarmguß bringt den Kreislauf so richtig in Schwung

ANLEITUNG

- Am besten entkleiden Sie den Oberkörper ganz.
- Stellen Sie sich vornüber gebeugt über die Wanne, und stützen Sie den rechten Arm gestreckt auf dem Schemel oder Eimer ab.
- Die linke Hand führt den Schlauch. Die Temperatur des warmen Wassers soll 36 bis 39 Grad betragen.
- Der Guß beginnt auf der rechten Seite am Handrücken.
- Führen Sie nun den Wasserstrahl an der Außenseite des Armes bis auf die Höhe der Schulter, halten hier für eine kurze Zeit inne und führen den Guß an der Innenseite zur Handfläche zurück.
- Der warme Abguß wird in der beschriebenen Weise ungefähr drei Minuten fortgeführt, das bereitet den Arm auf die Kaltanwendung vor.
- Nun lassen Sie das leitungskalte Wasser (12 bis 18 Grad Celsius) in der angegebenen Reihenfolge etwa 10 Sekunden lang über den Arm strömen, bis die sogenannte „Reaktion" im Kneippschen Sinne eintritt: eine wohlige Erwärmung und gleichmäßige Rötung der Haut. Bei Auftreten diser Reaktion beendet man die Kaltwasseranwendung.
- Beachten Sie stets: Eine unnatürliche Blässe der Haut, verbunden mit krampfartigen Schmerzen, deutet auf eine spastische Verengung der Blutgefäße und somit auf eine zu lange Dauer der Kälteeinwirkung hin.

Marmorierte, fleckige Haut ist Zeichen einer gestörten Regulation der Durchblutung, die sich aber durch die regelmäßige Durchführung Kneippscher Anwendungen verbessern läßt.

- Diesen Wechsel zwischen warm und kalt wiederholen Sie zweimal und schließen das Ganze mit der Kaltanwendung ab.
- Nachdem Sie den Wechselguß auch am linken Arm durchgeführt haben, streifen Sie das Wasser mit den Händen von den Armen und trocknen nur die Hände ab.
- Pendeln oder kreisen Sie mit den Armen, bis sie völlig durchgewärmt sind.

Kneipp selbst legte auf das Nichtabtrocknen als heilenden Faktor großen Wert, da die Verdunstungskälte noch einmal einen thermischen Reiz und damit eine verstärkte Wirkung der Anwendung erzeugt.

- Ziehen Sie sich nun der Witterung entsprechend – eher etwas wärmer – an, und beleben Sie Ihren Körper durch einen **flotten Spaziergang an frischer Luft,** aber ohne sich dabei zu überfordern.

Während des Spaziergangs legen wir Pausen für gezielte **Atemübungen** ein.

Zum Beispiel: Breitbeinig hinstellen, Arme hochschwingen, tief einatmen, Oberkörper nach unten beugen, Arme nach unten schwingen und dabei tief ausatmen.

Diese Übung sollten Sie mehrmals wiederholen.

Gegen Abend bereiten Sie sich einen **Kräutertee** mit einem Eßlöffel guten Honig.

Bei der Abendgestaltung meiden Sie bewußt den gewohnten Konsum trivialer Fernsehkost und lassen sich lieber von guter Literatur oder Musik verführen, oder beweisen schriftstellerische Qualitäten in Form von Eintragungen in Ihr Fastentagebuch.

DER ZWEITE FASTENTAG

Begrüßen Sie den zweiten Fastentag wieder mit positiven Gedanken.

Nach der gymnastischen Übung im Bett (siehe Seite 94), der psychopädischen Aufmunterung vor dem Spiegel (siehe Seite 94), der Trockenbürstenmassage im Bad (siehe Seite 88) und dem Trinken des Bitterwassers führen Sie wieder einen Einlauf durch (siehe Seite 94).

Zum **Frühstück** genießen Sie ein Glas (200 ml) milchsauer vergorenen Rote-Bete-Saft.

Wenn Sie am Nachmittag in die Sauna gehen möchten, trinken Sie den ganzen Vormittag über Wasser und Tees.

Als Kneippsche Anwendung erwartet Sie heute ein **Wechselfußbad.**

Sie benötigen zwei große Eimer, die Sie in der Badewanne oder im Duschbecken aufstellen, um Überschwemmungen zu vermeiden.

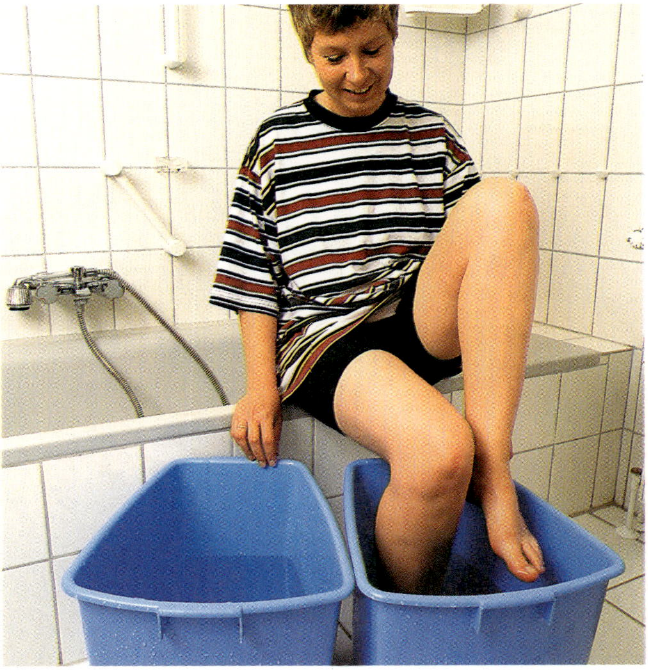

Auch das Wechselfußbad gehört zu den kreislaufanregenden Kneippschen Anwendungen

ANLEITUNG

- Beginnen Sie mit der Warmanwendung (Temperatur 36 bis 38 Grad) für circa fünf Minuten. Der Wasserspiegel soll bis eine Handbreit unter das Knie reichen.
- Wechseln Sie dann in den Eimer mit kaltem Wasser (12 bis 18 Grad) für circa 10 bis 15 Sekunden.
- Diesen Wechsel vollziehen Sie zweimal und beenden das Wechselbad mit der Kaltanwendung.
- Streifen Sie das Wasser mit den Händen ab, und führen Sie das Wechselbad mit dem anderen Bein durch.
- Ziehen Sie ein Paar Wollstrümpfe an, und marschieren Sie durch die Wohnung (auch auf der Stelle möglich), bis die Füße wieder richtig schön warm sind.

IN UNSEREM PROGRAMM BEHALTEN WIR TÄGLICH BEI:

- positives Einstimmen nach dem Erwachen
- „Scheibenwischer" im Bett
- psychologische Aufmunterung vor dem Spiegel
- Trinken des Bitterwassers
- Trockenbürstenmassage
- Einlauf
- Wechselduschen
- Ausdauer-Bewegungstraining
- autogenes Training
- Mittagsruhe mit Leberpackung und nachfolgendem Wechselarmguß
- Spaziergang an der frischen Luft

Nun folgt das Bewegungsprogramm mit den gymnastischen Übungen zum Aufwärmen und Ausdauer-Bewegungstraining.
Die mittägliche Gemüsebrühe bereiten Sie wie am Entlastungstag zu (siehe Seite 92).
Nach der Mittagsruhe mit Leberpackung folgen wieder der Wechselarmguß und ein flotter Spaziergang.
Für diesen Nachmittag bietet sich ein **Saunabesuch** an, der die Ausscheidung von vielen belastenden Stoffen über die Hautporen „ankurbelt". Außerdem werden die Blutgefäße durch den Wechsel zwischen warm und kalt trainiert.

ANLEITUNG

- Verzichten Sie beim Fasten auf jeglichen Sauna-Marathon! Zwei Durchgänge à circa zehn Minuten genügen.
- Wer zum ersten Mal eine Sauna besucht, soll sich nicht auf die unterste Bank setzen. Für Saunaneulinge ist es ratsamer, sich für kurze Zeit auf der mittleren Saunabank aufzuhalten, als längere Zeit auf der untersten Stufe. Da die Raumtemperatur in der Sauna von unten nach oben zunimmt, hängen die Beine sonst in einem relativ kühlen Bereich, während der Kopf glüht. Dies führt zu einer ungleichmäßigen Durchblutung und hat unter Umständen unangenehme Kopfschmerzen oder Mißempfindungen zur Folge.
- Versuchen Sie nicht unbedingt, so lange in der Hitze durchzuhalten wie die anderen Saunabesucher, die

oft routiniert sind und Saunaneulinge zu längeren Aufenthalten verleiten. Jeder Körper reagiert in der Hitze anders und verlangt seinen eigenen Rhythmus.

- Wenn Sie zu den Menschen gehören, die meinen, nicht richtig schwitzen zu können, so besteht kein Grund zur Sorge. Auch das Schwitzen kann man trainieren. Durch regelmäßige Saunabesuche lernt die Haut, mit ihren Poren wieder richtig zu reagieren, die Schweißdrüsen werden aktiviert.
- Achten Sie beim Beenden jedes Saunadurchganges auf ausreichende Abkühlung, besonders Gesicht und Oberkörper sollten Sie nicht vergessen.
- Bei Schwindelgefühlen verlassen Sie bitte die Sauna, legen sich am besten an Ort und Stelle hin und lagern die Beine über Körperniveau, zum Beispiel auf eine Bank.
- Nach der Sauna ist keine körperliche Anstrengung angebracht, sondern circa eine halbe Stunde Ruhe und Entspannung.

Mit einem besonderen **Abendgetränk** verwöhnen Sie die Darmbakterien, Ihre Mitstreiter auf dem Wege der Gesunderhaltung, mit einem Glas **Kanne-Brottrunk** (200 ml). Das Darmmilieu wird durch die darin enthaltene Milchsäure, durch die Mineralien und Spurenelemente entscheidend verbessert.

VORSCHLAG FÜR DIE FASTENGETRÄNKE

3. Tag

morgens:	**Sauerkrautsaft**
mittags:	**Gemüsebrühe**
abends:	**Kräutertee mit 1 EL Honig**

4. Tag

morgens:	**Rote-Bete-Saft**
mittags:	**Gemüsebrühe**
abends:	**Kanne-Brottrunk**

5. Tag

morgens:	**Möhrensaft**
mittags:	**Gemüsebrühe**
abends:	**Kräutertee mit 1 EL Honig**

Dritter, vierter und fünfter Fastentag

Es ist geschafft! Der Körper hat sich nun auf den Fastenstoffwechsel eingestellt. Wir leben in dem angenehmen Gefühl, daß unser Körper auch ohne ständige Nahrungsaufnahme eine ausreichende Versorgung mit Lebensenergie sicherstellt.

Am **dritten und fünften Fastentag** entspannen wir uns in einem **Kräuter-Vollbad.**

Die **Saunabesuche** planen wir jeden zweiten Tag, also wieder **am vierten und sechsten Tag,** ein.

Denken Sie daran, daß Sie für die Aufbautage noch frische Lebensmittel brauchen. Je nach Saison kaufen Sie Obst, Gemüse, Kartoffeln, Knäckebrot, Kräuter und Quark.

DER ERSTE AUFBAUTAG

Sie fangen wieder an zu essen. Bis auf den Einlauf behalten Sie Ihr Kneippsches-, Bewegungs- und psychopädisches Programm bei.

Auch das Abführsalz nehmen Sie zunächst noch weiter, damit die regelmäßige Stuhlentleerung wieder in Gang kommt. Bei zu häufigem Stuhlgang und zu dünner Stuhlqualität können Sie auf das Bittersalz verzichten.

Am Morgen beginnen Sie mit einem frischen, reifen Apfel. Genießen Sie ihn in kleinen Schnitzen, kauen Sie sehr sorgfältig, und konzentrieren Sie sich ganz auf das Essen – ohne jede Ablenkung durch Gespräch, Musik oder Fernsehen.

Mittags bereiten Sie sich eine **Kartoffelsuppe.**

ANLEITUNG

- Reiben Sie pro Person drei bis vier geschälte rohe Kartoffeln in dreiviertel Liter kochendes Wasser, und lassen Sie das Ganze circa zehn Minuten gar kochen.
- Abgeschmeckt wird die Suppe mit Hefeflocken, gemahlenem Kümmel und Muskat, gerebeltem Majoran, Vitamin Körnig und frischer Petersilie.

Abends kochen Sie sich eine **Gemüsesuppe.**

ANLEITUNG

- Pro Person brauchen Sie eine kleine Kartoffel und eine gute Handvoll Gemüse (circa 200 g). Das Gemüse kann buntgemischt sein oder sich auf eine Sorte beschränken, zum Beispiel auf Zucchini.
- Das Gemüse und die geschälten Kartoffeln werden kleingeschnitten und zusammen gar gekocht.
- Abschmecken können Sie mit Hefeflocken, Oregano, Liebstöckl und Petersilie

Essen Sie immer betont langsam, speicheln Sie die Nahrung sorgfältig ein, und hören Sie beim Gefühl der Sättigung auf zu essen.

Jetzt an frische Lebensmittel für die Aufbautage denken!

Behalten Sie gleich die Gewohnheit bei, auch weiterhin täglich mindestens zwei Liter Flüssigkeit zu trinken (ungesüßten Kräuter- oder Früchtetee und Mineralwasser).

Geben Sie den Honig erst in den Kräutertee, wenn er nicht mehr so heiß ist, das erhält wichtige Inhaltsstoffe

Der zweite Aufbautag

Morgens essen Sie wieder langsam und genüßlich eine Portion Obst, zum Beispiel Banane, Apfel etc.
Zum Mittagessen gibt es zum Beispiel **Möhrengemüse und Kartoffelschnee.**

ANLEITUNG

- Schälen Sie zwei mittelgroße Kartoffeln und kochen Sie sie ohne Salz gar.
- Nehmen Sie circa 150 g Möhren, schälen sie und würfeln sie fein.
- Kochen Sie die Möhrenstücke kurz, und schmecken Sie sie mit Vitam Körnig, Liebstöckl und Petersilie ab.
- Zerstampfen Sie die Kartoffeln zu breiiger Konsistenz.
- Auf den Kartoffelschnee geben Sie das Möhrengemüse.

Abends genießen Sie zwei Scheiben Knäckebrot mit Kräuterquark und Tomaten.

In den nächsten Tagen gestalten Sie den Speiseplan nach den Erkenntnissen für eine wohlschmeckende, biologische und vollwertige Ernährung (siehe Seite 126).

Ein Fastentag pro Woche

Nachdem Sie gespürt haben, wie gut Ihnen das Fasten tut, werden Sie sich nun fragen:
„Wie kann ich den erreichten Fastenerfolg auf Dauer festigen?“
Sehr bewährt hat sich, einen Tag der Woche zur Fortführung der Stoffwechselentlastung als Fastentag zu gestalten. Erleichtert wird das Durchhalten dieser guten Gewohnheit, wenn Sie sich dafür einen bestimmten, immer gleichen Wochentag aussuchen.
Berufstätige wählen oft den Samstag, weil sie sich da ungestört vom Routinealltag der Gesundheit widmen können. Andere empfinden zum Beispiel den Montag wohltuend als Fastentag, wenn sie dazu

Setzen Sie einen bestimmten Wochentag als Fastentag fest

neigen, am Wochenende zu üppige Gaumenfreuden zu genießen.

Die Ausleitung wird an diesem Tag unterstützt

- durch die morgendliche Einnahme von Bittersalz oder F. X. Passagesalz (Ein Teelöffel auf einen viertel Liter Wasser, morgens nüchtern oder schon am Vorabend einnehmen – je nach Entleerungsgeschwindigkeit des Darmes)
- durch einen Saunabesuch
- durch reichlich Trinken, das heißt zwei bis drei Liter natriumchloridarmes Mineralwasser oder Kräutertee

Vielleicht können Sie ja auch ein ausführlicheres Ausdauer-Bewegungstraining einplanen, zum Beispiel Schwimmbadbesuch, Waldlauf, Radfahren etc.

Ein Saftfastentag

Morgens gibt es 200 ml frisch gepreßten Möhrensaft, angereichert mit einigen Tropfen hochwertigen Pflanzenöls zur besseren Aufnahme des fettlöslichen Vitamin A. Trinken Sie den frischen Saft sofort, lassen Sie ihn nicht stehen, da sonst wertvolle Inhaltsstoffe verloren gehen. Ersatzweise können Sie auch hochwertige Gemüsesäfte aus der Flasche nehmen, zum Beispiel Rote-Bete- oder Sauerkraut-Saft.

Mittags machen Sie sich einen halben Liter Gemüsebrühe (Rezept siehe Seite 92).

Abends versüßen Sie sich einen Kräutertee Ihrer Wahl mit einem Eßlöffel Honig.

Ein Schleimfastentag

Morgens, mittags und abends gibt es jeweils 200 ml Dinkel-, Hafer-, Reis- oder Leinsamenschleim.

ANLEITUNG

Leinsamenschleim

- Setzen Sie 40 Gramm ungeschroteten Leinsamen in einem halben Liter kaltem Wasser an.
- Lassen Sie das Wasser kurz aufkochen und bei kleiner Flamme 15 bis 20 Minuten weiterköcheln, bis eine schleimige Konsistenz entsteht.
- Gießen Sie die Körner durch ein Sieb ab, und lassen Sie den Schleim etwas abkühlen.

Dinkelschleim

- Einen halben Liter Wasser aufkochen lassen, 50 Gramm Dinkel-Vollkornmehl einrühren und bei kleiner Hitze 15 bis 20 Minuten ausquellen lassen.

Haferschleim

- Zubereitung wie bei Dinkelschleim. Statt Dinkel nehmen Sie 50 Gramm Hafer-Vollkornmehl.

Reisschleim

- Gleiche Zubereitung wie bei Dinkelschleim. Statt Dinkel verwenden Sie 50 Gramm gemahlenen runden Milchreis.

Natürlich schmeckt der sonst eher fade Schleim besser, wenn Sie ihn mit Hefeflocken, Liebstöckel, frischer Petersilie und anderen aromatischen Kräutern würzen.

Ein Molkefastentag

Hier beschränkt man sich darauf, über den Tag verteilt einen Liter Diät-Kurmolke zu trinken. Sie wirkt anregend auf die Darmtätigkeit und enthält fast ausschließlich die für den Körper wertvolle rechtsdrehende Milchsäure.
Zusätzlich wird empfohlen, 80 ml Frischpflanzensaft aus Löwenzahn und Brennessel in kleinen Portionen zu trinken.

ENTLASTUNGSTAGE

Im Gegensatz zu den strengen Fastentagen darf man an Entlastungstagen auch feste Nahrung zu sich nehmen, aber nur in eingeschränkter Form.

Ein Milch-Brötchen-Tag nach F. X. Mayr

Morgens und abends ißt man eine zwei bis drei Tage alte luftgetrocknete Weißbrotsemmel, in Scheiben geschnitten, mit 200 ml kalter oder warmer Milch. Sie können zwischen Vollmilch und Buttermilch wählen.

ANLEITUNG

- Kauen Sie einen Bissen des Brötchens jeweils so lange, bis es sich völlig aufgelöst hat, um Speichel zu locken.
- Dann nehmen Sie ein Löffelchen Milch in den Mund dazu und mischen alles sorgfältig, bevor Sie den Speisebrei hinunterschlucken.

Abends genießt man Kräutertee mit einem Eßlöffel Honig.

F. X. Mayr legte bei seiner Fastenkur großen Wert auf eine manuelle Bauchbehandlung, die Bauchmassage. Wir wollen Ihnen deshalb eine **Bauchselbstmassage** vorstellen, für die Sie sich 15 bis 30 Minuten Zeit nehmen sollten.

ANLEITUNG

- Legen Sie sich mit ausgestreckten Beinen auf den Rücken und stützen Sie die Ellenbogen auf (eventuell Polster unterschieben).

Die Bauchmassage läuft in drei Phasen ab:

1. Kontaktaufnahme

- Legen Sie beide Hände mit den gespreizten Fingern nach innen auf den Bauch.
- Nehmen Sie aufmerksam wahr, wie sich der Bauch beim Einatmen ausdehnt. Die Fingerspitzen entfernen sich voneinander.
- Beim Ausatmen sinkt der Bauch ein, die Fingerspitzen nähern sich einander.
- Erzeugen Sie einen sanften Druck wie beim Streicheln eines Tieres, und versuchen Sie den Atembewegungen folgend, die Einsinktiefe der Hände in die Bauchdecke konstant zu halten.
- Bei der Bauchmassage legen Sie immer die ganze Handfläche auf und üben nur zarten Druck auf die Haut aus.

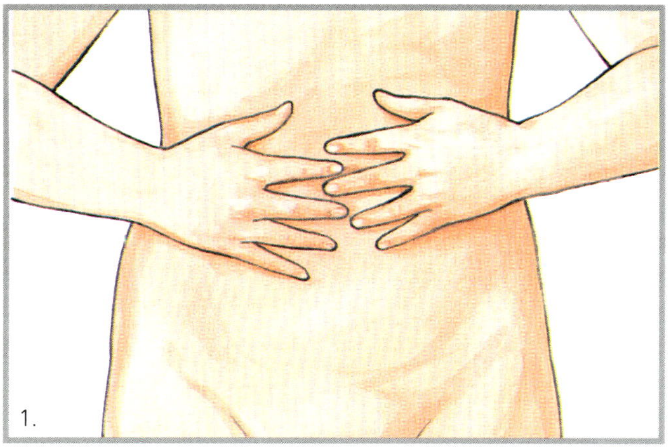

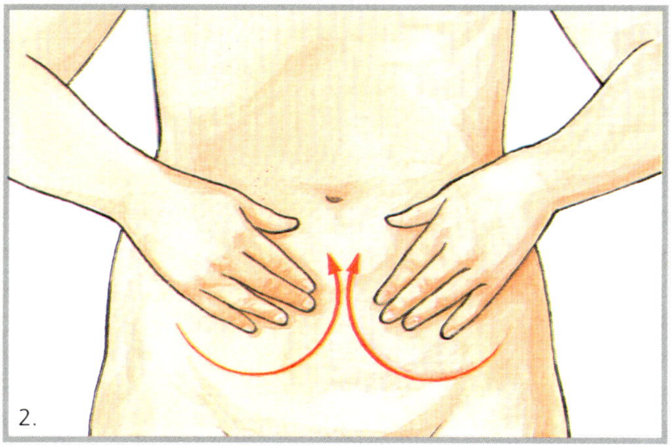

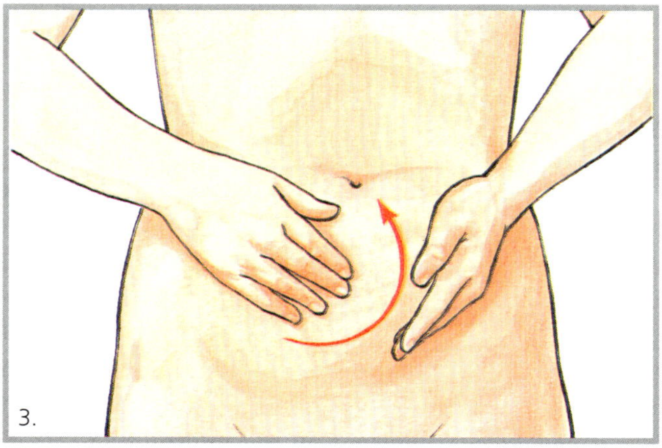

Die Bauchselbstmassage nach Dr. Collier: 1. Kontaktaufnahme, 2. Ganzheitsbehandlung, 3. Detailbehandlung

2. Ganzheitsbehandlung

- Kreisen Sie mit beiden Händen auf den Seiten des Bauchs, die rechte Hand gegen, die linke mit dem Uhrzeigersinn:
- Beginnen Sie nach der Ausatmung mit der rechten Hand und streichen zehn Kreise, dann mit der linken Hand zehn Kreise, anschließend führen Sie beide Hände kreisend aufeinander zu und wieder auseinander:

– von unten zur Mitte
– von der Mitte nach oben
– von oben seitlich nach unten

also insgesamt auf jeder Bauchseite einen großen Kreis.

- So massieren Sie drei bis fünf Minuten lang weiter.

3. Detailbehandlung

- Zum Massieren einzelner Bereiche, zum Beispiel Magenausgang, Leberwinkel oder Blinddarmbereich, fixieren Sie eine Hand mit der Handkante am Becken und massieren mit der anderen Hand zart gegen dieses Widerlager.
- Zum Abschluß der Massage umfassen Sie den Bauch mit beiden Händen und drücken mehrmals sanft von außen nach innen.

Ein Obsttag

Beim Obsttag essen Sie nur ein Kilogramm Früchte der Saison, möglichst aus kontrolliert ökologischem Anbau, die Sie über den Tag verteilt genießen.

Ein Kartoffeltag

Morgens, mittags und abends kochen Sie je zwei bis drei Pellkartoffeln, die Sie, mit frischen Kräutern und Hefeflocken gewürzt, langsam und gründlich kauend verzehren.

Ein Reistag

- Kochen Sie 170 g Vollkornreis ohne Salz und aus einem Kilo Äpfel ungesüßten Apfelbrei, den Sie mit Zimt abschmecken können.
- Teilen Sie die Zutaten in drei Portionen auf, die Sie morgens, mittags und abends zu sich nehmen.
- Statt den Apfelbrei zu kochen, können Sie auch zu jeder Mahlzeit den Apfel fein reiben.

Ein Dinkeltag

Früh, mittags und abends gibt es Dinkelsuppe.

ANLEITUNG

- Geben Sie 40 g fein gemahlenes Dinkel-Vollkornmehl in einen halben Liter kochendes Wasser.
- Lassen Sie einmal kurz aufkochen und circa 20 Minuten bei kleiner Hitze ausquellen.
- Die Suppe kann mit Zimt und Banane oder Kräutern und Muskatnuß abgeschmeckt werden.

Ein Rohkosttag

Morgens gibt es Frischobst nach Jahreszeit
Mittags können Sie sich eine Rohkostplatte zusammenstellen, zum Beispiel Blattsalate, geriebene Karotten und Sauerkraut, die Sie mit einem leichten Zitrone-Öl- oder Essig-Öl-Dressing und frischen Kräutern schmackhaft machen.
Abends gibt es Kräutertee, den Sie sich mit einem Eßlöffel Honig versüßen können.

Fasten nach Festen

Der Mensch ist ein geselliges Wesen und soll es auch bleiben. Was gibt es nicht alles zu feiern: Geburtstage, Hochzeitstage, Taufen und Konfirmationen, Betriebsfeiern und Beförderungen oder ganz einfach das schöne Wetter bei einem Gartenfest mit Nachbarn.
Damit der fröhliche Genuß ohne Reue bleibt, planen Sie am nächsten Tag einen Fastentag ein – Ihr Körper wird es Ihnen mit unverminderter Leistungsfähigkeit und seelischer Ausgeglichenheit danken.

Kurzfasten bei banalen Infekten

Als banale Infekte bezeichnen wir leichte fieberhafte Erkrankungen mit Schnupfen, Halsweh und Husten, die sogenannte „Erkältung“, oder die oft durch Viren hervorgerufenen Magen-Darm-Verstimmungen. Mit diesen Erregern wird der Körper wesentlich schneller und besser fertig, wenn er von der Verdauungsarbeit entlastet wird.

Die eingesparte Energie kommt ihm bei der Krankheitsabwehr zugute.

Als weitere Maßnahmen empfehlen wir die Unterstützung der Darmentleerung durch **abführende Salzlösungen** (ein Teelöffel auf einen viertel Liter Wasser) und die Durchführung eines **Einlaufs** (siehe Seite 94).

Trinken Sie reichlich **Lindenblütentee**, der schweißtreibend wirkt, und täglich dreiviertel Liter **Holundersaft** zur Stärkung der Körperabwehr.

Um den Flüssigkeitsverlust durch Schwitzen auszugleichen, trinken Sie dazu noch **Wasser, Kräutertee** und **frisch gepreßten Apfelsinensaft.**

Fastenwandern

Der Begründer der Fastenwanderidee war **Lennart Edren,** ein schwedischer Arzt, der den berühmten Fastenmarsch in Schweden anführte: Am 1. August 1954 begannen elf Mitglieder der Schwedischen vegetarischen Gesellschaft und der Waerland-Bewegung einen Fußmarsch von Göteborg nach Stockholm. Sie legten die Strecke von 520 km in 10 Tagen zurück, ohne etwas zu sich zu nehmen außer Quellwasser, also täglich rund 50 km bei völliger Nahrungsenthaltung. Zehn von den elf Teilnehmern erreichten nach 10 Tagen Stockholm genau nach Plan. Sie wurden von Ärzten des größten Spitals in Stockholm genau untersucht. Diese waren erstaunt über die vorzügliche Gesundheit und Frische aller Teilnehmer.

In Deutschland haben sich seither mehrere Gruppierungen gebildet (siehe Anhang), die Fastenwanderungen anbieten. Ihr Ziel ist es, beim gemeinsamen Wandern in landschaftlich reizvoller Umgebung die Vorzüge des Fastens zu erleben.

Wie häufig ist Fasten sinnvoll?

Diese Frage läßt sich natürlich letztlich nur individuell beantworten.

In die Beruteilung fließen ein

- die eventuell bestehenden Grunderkrankungen
- Körpergewicht und Konstitutionstyp
- die Ernährungsweise und Eßkultur zwischen den Fastenperioden

Wer schon einmal gefastet hat, wird bestätigen, daß man sehr wohl spürt, wann Körper und Seele wieder eine Regeneration durch eine Fastenphase benötigen.

Anzeichen für die Notwendigkeit einer Fastenperiode können sein:

- eine Verringerung der körperlichen und geistigen Leistungsfähigkeit
- das Nachlassen der Genußfähigkeit und ein gehäuftes Auftreten von Stimmungstiefs

Fasten und dabei wandern, eine ideale Kombination

- körperliche Beschwerden wie Gelenkschmerzen, Lymphstauungen, Völlegefühl etc.

Erfahrungsgemäß halten je nach vorangegangener Fastendauer die Stoffwechselbereinigung und die Motivation für eine gesündere Lebensführung ungefähr ein halbes bis dreiviertel Jahr gut vor.
Wenn nun die alten Beschwerden allmählich wieder auftreten, sollte man nicht warten, bis der gleiche Zustand wie vor dem Fasten erreicht ist, sondern bereits bei den ersten Anzeichen einer Verschlechterung erneut fasten.
Ganz allgemein kann man feststellen, daß für den reizüberfluteten, nicht optimal ernährten und körperlich wenig trainierten Menschen unserer Zeit zwei Fastenwochen in halbjährlichen Abständen keinen Luxus bedeuten.
Dabei wird bei zunehmender Fastenerfahrung dieser Zeitabschnitt nicht mehr als dramatischer Verzicht erlebt, sondern als willkommene Erholung für Körper, Geist und Seele empfunden.

Regelmäßiges Heilfasten zur Vorbeugung und als Therapie

Grundsätze für eine gesunde Lebensführung

Die Fastenzeit ist immer eine Unterbrechung des Alltagstrotts mit seinen eingeschliffenen Gewohnheiten. Jetzt ist die Zeit, Ihre Lebensführung nach neuen Grundsätzen einzurichten

Ernährung

Was den Menschen auszeichnet, ist die Vielfalt der Nahrungsquellen, die er für sich nutzen kann

Wie hat sich die Ernährung des Menschen im Laufe der Jahrtausende entwickelt?

Die Gretchenfrage, die immer wieder auftaucht heißt: War der Mensch vom lieben Gott nun als Pflanzen- oder Fleischfresser geschaffen? Die Antwort kann nicht so schwarzweiß gegeben werden, wie die Frage gestellt ist.

Die ausgeprägte Anpassungsfähigkeit des menschlichen Körpers an die unterschiedlichsten Naturräume und Nahrungsquellen führte über den ganzen Globus verteilt zu gegensätzlichen Kostformen. Zum Beispiel verzehren die Eskimos überwiegend Fisch, die Bushmen Antilopenfleisch, die Yamani-Indianer fast ausschließlich Bananen.

Andererseits veränderte sich das Nahrungsangebot in einzelnen Regionen im Verlauf der Geschichte immer wieder, bedingt zum Beispiel durch klimatische Verschiebungen wie Eiszeiten oder Dürreperioden. Ein weiterer Aspekt war die fortschreitende Seßhaftigkeit vom Nomadentum bis zum modernen Stadtbewohner.

Das Leben in Ballungsgebieten, die ja von außen nicht beliebig mit frischer Nahrung versorgt werden können, erforderte zum Beispiel neue Methoden für die Haltbarmachung von Lebensmitteln.

Offensichtlich stellt weder der reine Pflanzenverzehr, noch der ausschließliche Fleischgenuß für den Menschen den optimalen Auslesefaktor dar. Wäre der Mensch nur für tierische Nahrung eingerichtet, könnte er, wie zum Beispiel die Löwen, Vitamin C selbst herstellen. Wir sind aber auf die Zufuhr von Vitamin C durch pflanzliche Nahrung angewiesen. Auch der Verdauungstrakt ist bei reinen Fleischfressern anders ausgelegt. Sie haben einen größeren Magen und einen kürzeren Darm als wir Menschen. Unser Gebiß ist auf die Zerkleine-

WIE SICH UNSERE VORFAHREN ERNÄHRTEN

- **Vor etwa 50 Millionen Jahren: Menschenaffen begannen, statt Insekten auch Früchte zu verzehren.**
- **Vor etwa fünf Millionen Jahren ernährten sich die Vorfahren des heutigen Menschen von Blättern, Früchten, Samen und Wurzeln, auch tierische Nahrung wurde verzehrt.**
- **Vor etwa drei Millionen Jahren: Zeit der Sammler und Jäger, die mit Steinwerkzeugen Tiere erlegten.**
- **Vor etwa 10 000 Jahren gab es einen systematischen Anbau von Nahrungspflanzen (Ackerbauzeitalter).**
- **4500–2000 v. Chr. (Jungsteinzeit) Anstieg des tierischen Kostanteils durch Haustierhaltung.**

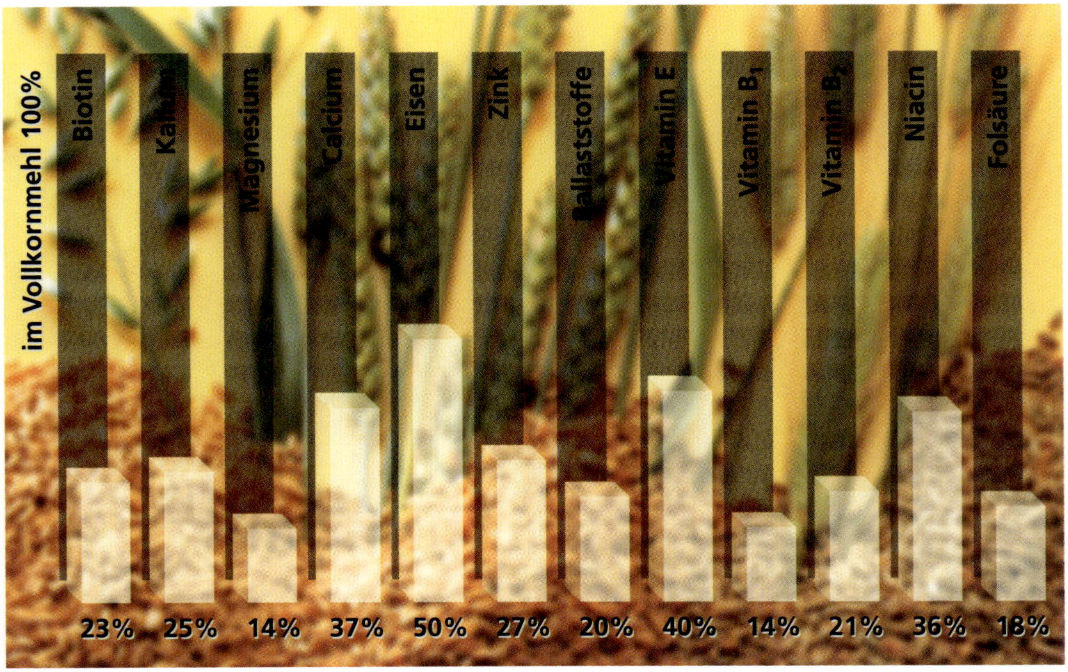

Anteil wertvoller Inhaltsstoffe in Weißmehl (Typ 405) im Vergleich mit Vollkornmehl

rung der verschiedensten Nahrungsquellen eingerichtet.

Studien über die heutigen Haupttodesursachen, nämlich Herz-Kreislauf-Erkrankungen und bösartige Neubildungen, zeigen einen deutlichen Vorteil der überwiegend vegetarischen Ernährung.

Wie aus unserer kleinen geschichtlichen Übersicht hervorgeht, erfolgten die Anpassungsvorgänge an eine veränderte Ernährung über lange Zeiträume von Tausenden Jahren hinweg.

Im Zuge der Industrialisierung während der letzten 200 Jahre wurden Nahrungsmittel zunehmend konzentriert, denaturiert, konserviert und mit unbiologischen Zusatzstoffen versetzt.

In dieser entwicklungsgeschichtlich sehr kurzen Zeit war der menschliche Körper nicht in der Lage, sich auf die veränderte Kost und Lebensweise ausreichend einzustellen.

Das Verdienst der Reformbewegung im letzten Jahrhundert war es, diese Problematik aufzuzeigen.

Der Schweizer Arzt **Max Bircher-Benner** (1867–1939), Wegbereiter für die naturgemäße Heil- und Lebensweise, betonte den Wert der Rohkost als „lebende Nahrung". „Laßt unsere Nahrung so natürlich wie möglich", forderte **Werner Kollath** (1892–1970). Dieser geniale, weil eingängige und leicht zu merkende Satz, beinhaltet den reichen Schatz der heute gültigen Erkenntnisse über gesunde Ernährung.

Der Schweizer Arzt Max Bircher-Benner war ein Wegbereiter für die moderne Ernährungslehre

Ernährung und Immunsystem

Unser Abwehrsystem hat viele Aufgaben:

- Es schützt uns vor gesundheitsschädigenden Angreifern wie Viren, Bakterien, Einzellern und Pilzen.
- Es erkennt und vernichtet bösartige Zellen (Krebszellen), die ständig in unserem Körper entstehen, zum Beispiel durch Strahlung, Umweltgifte etc.
- Es beseitigt körperfremde Stoffe.
- Unsere Abwehrzellen kreisen ständig im Körper und testen mit Fühlern (Rezeptoren) die Zellen unseres Körpers ab. Sie sorgen für den Abbau alter und kranker Zellen. Gesunde und leistungsfähige Zellen sind davon nicht betroffen. Durch dieses Reparatursystem werden also ständig Strukturen in unserem Körper ausgetauscht. Je älter wir werden, desto langsamer und unzuverlässiger arbeitet diese Aufräumtruppe.

60 bis 80 % aller abwehrfähigen Lymphocyten liegen in und unter der Darmschleimhaut als sogenanntes darmassoziiertes Immunsystem. Dieses Abwehrsystem wird durch Fäulnis- und Gärungsprodukte, die bei der mikrobiellen Zersetzung unverdauter Nahrung entstehen, belastet und geschädigt. Darunter finden sich auch giftige und krebserregende Substanzen, die durch die Darmschleimhaut aufgenommen werden, Lymphbahnen und -knoten (unsere Abwehrstationen) belasten und teilweise über das Blut zur Entgiftung in die Leber gelangen.

Wie Professor Pirlet (emeritierter Internist und Rheumatologe der Uni Frankfurt) betont, ist die wichtigste und schwierigste Frage, die sich der Arzt zu stellen hat: Was vermag das Verdauungssystem des Konsumenten überhaupt noch zu leisten? Denn das, was der Ernährungswissenschaftler – zu Recht – fordert, eine vollwertige Ernährungsweise mit genügend Mineralstoffen, Spurenelementen und Vitaminen, genügt für die Ernährung kranker Menschen nicht. Wir leben nämlich nicht von dem, was wir essen, sondern von dem, was wir richtig verdauen. Von dem Rest leben bekanntermaßen die Ärzte.

Nicht umsonst heißt es „Was den Schmied stark macht, zerreißt den Schneider.“ Mit Schmied ist hier der von der Konstitutionslehre nach Kretschmer eher gedrungen (pyknisch) und athletisch gebaute Mensch gemeint, der erfahrungsgemäß eine ausgeprägte Verdauungsleistung erbringen kann und die gewonnene Energie auch in körperlicher Arbeit verbrennt. Der „Schneider“ vertritt den eher schmal gebauten, schlanken und schwächlichen Menschen (leptosomasthenisch), den eine schwache Verdauungsleistung kennzeichnet.

Aber noch weitere Fragen sind bei der Beurteilung der geeigneten Ernährung von großer Bedeutung. Haben wir es mit einem 20jährigen Jüngling zu tun, einer 50jährigen Familienmutter oder einem 80jährigen Greis? Erfahrungsgemäß nimmt die Leistungsfähigkeit unseres Verdauungstraktes mit zunehmendem Alter ab.

Bei der Befragung des Patienten sollten wir nicht unterlassen, die besonderen individuellen Lebensumstände zu beleuchten: Liegen psychische Belastungen vor, leidet er unter seelischen Notsituationen? Arbeitet er im Schichtdienst? Wann und wie häufig erfolgt die Nahrungsaufnahme? Wann findet die Hauptmahlzeit statt? Frühstückt er wie ein König, genießt er ein opulentes Mittagsmahl oder bevorzugt er nach getaner Arbeit abends ein üppiges Nachtessen?

Die folgende zusammenfassende Überlegung von Professor Pirlet sollte zu denken geben:

„Mein Fazit nach vielen Jahren des Fragens, des Suchens, des Nachdenkens: Durch die bakterielle Zersetzung unverdauter Nahrungsreste, durch Gärung und Fäulnis, entstehen Zellgifte und die Erbsubstanz verändernde Stoffe. Diese werden aufgenommen und führen zur funktionellen Beeinträchtigung und zur strukturellen Schädigung der Verdauungsorgane. Die Leistungsminderung der Verdauungsorgane hat wieder eine verstärkte Giftbildung zur Folge. Ein Teufelskreis! Der Gifteinstrom trifft zuerst und konzentriert das darmassoziierte Abwehrsystem. Fehlleistungen des Abwehrsystems sind aber an der Entwicklung vieler, vor allem chronisch verlaufender Krankheiten beteiligt. Hier bietet sich für die diätetische Therapie, wenn wir es richtig machen, ein breites Spektrum."

Vitamine

Jeder von Ihnen hat schon von diesen wertvollen Nahrungsbestandteilen gehört, die der Körper nicht selbst herstellen kann, die er aber braucht, um Stoffwechselvorgänge anzukurbeln. Da nur geringe Mengen nötig sind, zählen sie zu den „Mikronährstoffen".

Ein ausreichender Vitamingehalt der aufgenommenen Nahrungsmittel ist lebensnotwendig

Vitamine sind empfindliche Strukturen, die durch Einwirkung von Licht, Hitze und Luftsauerstoff in unterschiedlichem Ausmaß zerstört werden. Aufgrund der geringen Stabilität der Vitamine verursachen Lagerung und Zubereitung der Speisen oft erhebliche Verluste.

Tiefkühlkost kann vitaminreicher sein als abgelagertes „Frisch"-obst und -gemüse

Beim Lagern von Gemüse, Kartoffeln und Obst bauen Enzyme die Vitamine ab. Diese Abbauvorgänge können durch Tiefgefrieren stark verlangsamt werden.

Deshalb kann Tiefkühlkost vitaminreicher sein als in den Auslagen lange lagerndes, sogenanntes „Frisch"gemüse oder -obst.

Die wasserlöslichen Vitamine

Wasserlösliche Vitamine (B-Gruppe, Biotin, Folsäure, Niacin, Pantothensäure, Vitamin C) finden sich vornehmlich in pflanzlichen Nahrungsmitteln. Der Körper kann einen Überschuß an diesen Vitaminen zwar ausscheiden, aber auch hier gilt, daß Überdosierungen nicht unproblematisch sind.

Das wohl bekannteste unter ihnen, das **Vitamin C, unterstützt:**

Die Zugabe von Pflanzenöl zu Rohgemüse verbessert die Aufnahme der fettlöslichen Vitamine

- **den Zellaufbau.** Es ist beteiligt an der Herstellung von Kollagen, dem häufigsten Struktur-Eiweißbaustein des Körpers, den wir zum Aufbau von Haut, Knochen, Bindegewebe, Sehnen, Blutgefäßen und Zähnen benötigen.
- **die Zellentgiftung.** Nur in Gegenwart von Vitamin C können viele körperfremde Stoffe wie Fremdeiweiße (Proteinantigene), Bakteriengifte (Toxine) und Arzneistoffe abgebaut und ausgeschieden werden. Eine gute Vitamin-C-Versorgung fördert auch den Abbau und die Ausleitung von überschüssigem Cholesterin.
- **den Zellschutz.** Die Zellstrukturen werden durch aggressive Moleküle bedroht, denen ein Elektron fehlt, die sogenannten Radikale. Sie sind chemisch sehr aktiv und können einen stabileren Zustand nur erreichen, wenn sie ihren Elektronenmangel ausgleichen. Im Körper geschieht das meistens dadurch, daß sie körpereigenen Molekülen ein Elektron entreißen oder sich an diese binden. In beiden Fällen können die Körpermoleküle dann ihre Funktionen nicht mehr erfüllen. Vitamin C fängt diese Radikale ab und schützt so die empfindlichen Zellbauteile vor Zerstörung.
- **die körperliche Abwehr.** Vitamin C verhindert die Bildung von krebserregenden Nitrosaminen, die in Gegenwart von Nitrit aus Eiweiß entstehen können.

Vitamin C gehört wie die B-Vitamine zu der Gruppe der wasserlöslichen Vitamine, tritt also beim Kochen, sofern es nicht bereits durch die Hitze zerstört wird, in das Kochwasser über.

Die fettlöslichen Vitamine

Die fettlöslichen Vitamine (A, D, E und K) werden besonders in tierischen Organen angereichert, eine ausreichende Versorgung läßt sich aber auch mit vegetarischer Kost sicherstellen.

Die Vitaminoiden

Neben den „klassischen" Vitaminen ist in jüngerer Zeit die Wissenschaft anderen hochwirksamen Stoffen auf die Spur gekommen, den sogenannten „Vitaminähnlichen", den Vitaminoiden.

- **Coenzym Q oder Ubichinon** (weil es ubiquitär, also überall, vorkommt) ist ein wichtiger Bestandteil der Kraftwerke unserer Zellen, der Mitochondrien. Wegen seiner strukturellen Ähnlichkeit mit Vitamin E und K stellt man es oft den Vitaminen gleich.

Das Coenzym Q ist ein essentielles Glied in der Atmungskette und für den Elektronentransport zur Energiegewinnung unentbehrlich.

Als Medikament kommt das Coenzym Q bei chronischer Herzinsuffizienz zum Einsatz. Wegen seiner Beteiligung bei der Energiegewinnung in den Körperzellen spielt es auch in der Sportmedizin eine bedeutende Rolle.

- Durch chemische Umwandlung (Decarboxylierung und Hydroxy-

Die wasserlöslichen Vitamine				
Vitamin	**weitere Namen**	**Tages-bedarf in mg***	**enthalten besonders in**	**Bedeutung für**
B_1	Thiamin, Aneurin	1,5	Hülsenfrüchten, Haselnüssen, Haferflocken, Weizen, Hefe, Kartoffeln, Milch, Leber, Fleisch	Energieversorgung von Muskel- und Nervenzellen
B_2	Ribo-flavin	1,7	Spinat, Birnen, Bananen, Hefe, Milch, Milchprodukten, Seefisch (Makrele), Eiern, Fleisch, Leber	Energiestoffwechsel Abwehrkraft
B_3	Panto-thensäure	10	Hülsenfrüchte, Brokkoli, Blumenkohl, Weizen, Haferflocken, Naturreis, Hefe, Milch, Milchprodukten, Eiern, Herz, Leber	Energiestoffwechsel für Haut und Haare
B_6	Pyridoxin	2,0	Bananen, Avokados, Grünkohl, Kartoffeln, Weizen, Getreidekeimlingen, Naturreis, Hefe, Seefisch, Eigelb, Leber	Eiweißstoffwechsel Nervensystem
B_{12}	Cobal-amin	0,003	Mikroorganismen des Darms, Sauerkraut, Käse, Fischen (Hering, Forelle), Leber	Blutbildung Nervenfunktion
B_C	Folsäure	0,3	Tomaten, Kohlarten, Fenchel, Spargel, Hefe, Milch, Leber	Zellbildung Blutbildung Schutzvitamin für Schwangere
C	Ascorbin-säure	1 mg pro kg Körper-gewicht	Zitrusfrüchten, Hagebutten, Schwarzen Johannisbeeren, Sanddornsaft, Acerolasaft, Paprika, Frischgemüse, Kartoffeln	Abwehrsystem Entgiftung Gefäßabdichtung Wundheilung Resorption von Folsäure und Eisen aus der Nahrung
H	Biotin	0,1	Sojabohnen, Grünen Bohnen, Erdnüssen, Hefe	Wachstum von Haut, Haaren und Nägeln geordnete Psyche
Niacin	Nikotin-säure	19	Getreide, Erbsen, Lachs, Hefe, Kaffee	Energiestoffwechsel von Herz und Muskeln, Haut

* mg = Milligramm

Die fettlöslichen Vitamine

Vitamin	weitere Namen	Tagesbedarf in mg*	enthalten besonders in	Bedeutung für
A	Retinol „das Augenvitamin"	1	**Als Provitamin:** Mangos, Möhren, Paprika, Spinat, Grünkohl, Petersilie **Als Vitamin:** Milch, Milchprodukten, Butter, Fisch, Fleisch, Leber	Augen Haut Schleimhäute
D	Calciferol „die Knochennahrung"	0,005	Avocados, Milch, Käse, Butter, Seefisch, Eiern	Knochen Zähne Bindegewebe
E	Tokopherol „das Hautvitamin"	12	Sonnenblumenkernen, Leinsamen, Sojabohnen, Erbsen, Schwarzwurzeln, Fenchel, Mais, Distelöl, Weizenkeimöl, Eiern	Zellmembran Fruchtbarkeit Haut Körperabwehr „Polizei der Zelle"
K	Phyllochinon „das Gerinnungsvitamin"	0,075	Kohlarten, Spinat, Sauerkraut, Milch, Eiern, Fleisch, Leber	Blutgerinnung

* mg = Milligramm

lierung) von Aminosäuren entstehen wichtige vitaminähnliche Verbindungen, so z. B. Adrenalin, Dopamin, Serotonin und Tyramin.

■ Besondere Aufmerksamkeit zieht das **L-Carnitin,** das sogenannte Vitamin Br, auf sich.

Das Fett als wichtiger Energieträger muß durch die Zellmembran in die Kraftwerke der Zelle, die Mitochondrien, gelangen. Die entscheidende Schlüsselfunktion, das Öffnen der Zellmembranen für die Fettsäuren, übernimmt das L-Carnitin.

Die Zellen, die Tag und Nacht aktiv sein müssen, um unser Lebenslichtlein am Brennen zu halten, sind die Herzmuskelzellen. Sie zeichnen sich durch einen besonders hohen Gehalt an L-Carnitin aus.

L-Carnitin senkt außerdem den Blutfettspiegel und wirkt so ausgesprochen herzschützend.

Besonders reich an L-Carnitin ist die Muttermilch, aber auch Stutenmilch.

Angehörige der Kaukasus-Völker, die sich traditionsgemäß mit Stutenmilch ernähren, erreichen zum Beispiel ein hohes Alter und sind weitgehend frei von Zivilisationserkrankungen.

Mineralien und Spurenelemente

Zu den **Mineralien** zählen Natrium (Na), Kalium (K), Magnesium (Mg), Calcium (Ca), Chlorid (Cl) und Phosphor (P). Sie werden in Mengen von mehr als 100 mg täglich aufgenommen.
Mineralstoffe, die in geringerer Dosis nötig sind, bezeichnen wir als **Spurenelemente:** Eisen (Fe), Jod (J), Fluor (F), Zink (Zn), Kupfer (Cu), Mangan (Mn), Chrom (Cr) und Selen (Se).

Mineralien dienen unter anderem
- als Bausteine für Knochen und Zähne (Ca, P)
- der Steuerung des Säure-Basen-Gleichgewichts
- zur Aktivierung und Hemmung von Enzymen, das sind Eiweißkörper, in deren Gegenwart Stoffwechselaktionen besser ablaufen oder überhaupt erst möglich werden
- der Weiterleitung von Nervenreizen

Spurenelemente braucht der Körper als Bestandteile wichtiger Hormone, Enzyme und Eiweißstoffe.

Der Körper ist auf die Zufuhr von lebensnotwendigen Mineralien und Spurenelementen angewiesen

Die Mineralien

Element	Name	Tagesbedarf in mg*	enthalten besonders in	Bedeutung für
Na	Natrium	1000	Kochsalz, allen gesalzenen Produkten	Regulation des Wasserhaushalts Nervenfunktion
K	Kalium	2000	Obst, Trockenfrüchten, Gemüse, Hülsenfrüchten, Kartoffeln, Vollkornprodukten, Naturreis	Regulation des Wasserhaushalts Muskelfunktion Enzymaktivierung
Mg	Magnesium	350	Bananen, Beerenobst, Erbsen, Weizen, Vollkornerzeugnissen, Spinat, Kartoffeln, Milch, Milchprodukten, Fisch, Fleisch	Stoffwechselaktivierung, Muskeln Nervenfunktion Knochen und Zähne
Ca	Calcium	900–1000	Grünem Gemüse, Sesam, Milch, Milchprodukten	Knochen, Zähne Muskel- und Nervenfunktion
P	Phosphor	800	Gemüse, Getreide, Kartoffeln, Milch, Milchprodukten, Eiern, Fleisch, Wurst	Knochen, Zähne Energiestoffwechsel Zellmembranen

* mg = Milligramm

Die wichtigsten Spurenelemente				
Element	**Name**	**Tages-bedarf in mg***	**enthalten besonders in**	**Bedeutung für**
J	Jod	0,2	Jodsalz, Seefisch, Milch, Eiern	Schilddrüsenfunktion Energiestoffwechsel
Fe	Eisen	15	Hülsenfrüchten, Spinat, Kohlarten, Vollkornprodukten, Fleisch	Sauerstofftransport im Blut Energiestoffwechsel
Zn	Zink	15	Getreidekeimen, Haferflocken, Käse	Wundheilung, Körperabwehr Fortpflanzung, Aufbau von Haut, Nägeln und Haaren Netzhaut des Auges
Cu	Kupfer	2–4	Getreide, Vollkornprodukten, Weizenkeimen, Nüssen	Bildung von Abwehrzellen Abwehrsysteme gegen freie Radikale
Mn	Mangan	3–9	Weizenkörnern, Nüssen	Bestandteil von Enzymen, Bindegewebe, Eiweiß- und Fettsynthese
Cr	Chrom	0,050	Artischocken, Petersilie, Hefe, Weizenkeimen, Vollkornprodukten, Eigelb	Insulinwirkung erniedrigt Glukosetoleranz
Se	Selen	0,1	Naturreis, Vollkornprodukten, Fisch, Fleisch	Körperabwehr, unterstützt die Wirkung von Vitamin E

* mg = Milligramm

UNGÜNSTIGE VERARBEITUNGSMETHODEN

- **Kochen von Gemüse und Kartoffeln in Wasser, wenn das Wasser verworfen wird.**
- **Schälen von Früchten, denn unter der Schale verbergen sich die meisten Vitamine, Mineralien und Spurenelemente.**
- **Ausmahlen von Getreide zu Weißmehl sowie Schälen von Reis, denn die inhaltsstoffreichen Randschichten des Keims gehen dabei verloren.**

SEKUNDÄRE PFLANZENSTOFFE

Die wenig glückliche deutsche Bezeichnung „sekundär“ signalisiert zu Unrecht eine untergeordnete Bedeutung der vielen, zum Teil noch gar nicht erforschten Substanzen, die keine Energieträger sind.
Sie werden von der Pflanze zum Beispiel als Abwehrstoffe gegen Schädlinge, Krankheiten, als Wachs-

tumsregulatoren und als Farbstoffe gebildet.

Mit einer gemischten Kost nimmt man täglich etwa 1,5 g sekundäre Pflanzenstoffe auf, die aus circa 5.000 bis 10.000 verschiedenen Substanzen bestehen.

Als Duft- und Geschmacksstoffe beeinflussen sie die Nahrungsauswahl des Menschen. Eine wesentlich größere Bedeutung jedoch haben ihre gesundheitsfördernden Wirkungen.

Zu den sekundären Pflanzenstoffen gehören zum Beispiel die Wirkstoffe der Heilpflanzen, die seit langem in der Pflanzenmedizin (Phytotherapie) Verwendung finden. Aber auch über die tägliche Nahrungsaufnahme entfalten die sekundären Pflanzenstoffe ihre heilende und schützende Wirkung.

- Sie unterdrücken das Wachstum von Bakterien und Viren (antimikrobielle Wirkung). Das Allicin im Knoblauch hemmt zum Beispiel noch in einer Verdünnung von 1:125 000 das Wachstum von Bakterien. Antimikrobiell wirken auch die Senföle (Isothiozyanate) der Kapuzinerkresse und des Meerrettichs.
- Sie verhindern die Entstehung von Krebserkrankungen (anticanzerogene Wirkung). Die Betacarotine aus Möhren, Brokkoli und Grünkohl, die Indole der verschiedenen Kohlarten, die Monoterpene der Zitrusfrüchte und das Carvon des Kümmels schützen die Körperzellen auf verschiedene Weise vor der Entartung.
- Sie wirken entzündungshemmend (antiinflamatorisch). Bekannt dafür sind zum Beispiel die Thiosulfinate der Zwiebel.
- Sie wirken gerinnungshemmend (antithrombotisch). Das Allicin des Knoblauchs verringert zum Beispiel das Zusammenlagern der Blutplättchen und damit das Risiko einer Thrombose. Weitere gerinnungshemmende Substanzen sind das Adenosin der Honigmelone und der Chinamorchel Mu-Err sowie das Gingerol des Ingwers.
- Sie wirken cholesterinsenkend und tragen so dazu bei, die Blutfettwerte zu normalisieren. Als Beispiele lassen sich die Phytosterine aus Weizenkeimöl, Sesamöl und Sojaöl sowie die Saponine aus Bohnen und Kichererbsen nennen.
- Sie fangen aggressive freie Radikale ab, bevor diese Körperstrukturen schädigen können (antioxidative Wirkung). Bekannt dafür sind zum Beispiel die Flavonoide aus allen roten und gelben Früchten und Gemüsen.
- Sie fördern die Verdauung. Bitterstoffe aus Chicorée, Artischocken oder Radicchio stimulieren zum Beispiel die Abgabe von Verdauungssekreten aus der Galle.
- Die ätherischen Öle aus Fenchel, Kümmel und Anis werden seit langem wegen ihrer entblähenden Wirkung geschätzt.

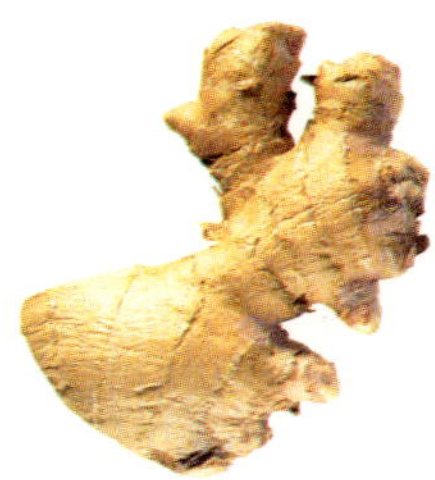

Isolierte Ballaststoffe wie Weizenkleie sollen die Ballaststoffe in der täglichen Ernährung nicht ersetzen, sondern höchstens ergänzen

Die sekundären Pflanzenstoffe liegen in der Nahrung immer als ein komplexes Gemisch verschiedener bioaktiver Substanzen vor, die sich in ihrer Wirkung unterstützen und ergänzen.

Es ist anzunehmen, daß die Wirkungen vieler sekundärer Pflanzenstoffe noch gar nicht entdeckt sind. Eine abwechslungsreiche Ernährung mit hohem Pflanzenanteil erhöht also die Chance, von allen günstigen Wirkungen zu profitieren.

Da die meisten sekundären Pflanzenstoffe gegenüber Hitze und Verarbeitungseinflüssen ausgesprochen empfindlich sind, sprechen wir die Empfehlung aus, möglichst die Hälfte der täglichen Nahrung in Form von unbehandelter Frischkost aufzunehmen. Denken Sie dabei an Salate, Rohkost und vor allem an frisches Obst und Gemüse für den kleinen Hunger zwischendurch, den man normalerweise gerne mit stark verarbeiteten „Kalorienbomben" stillt.

Ballaststoffe

Als Ballaststoffe werden die pflanzlichen Bestandteile bezeichnet, die von den Verdauungsenzymen des Menschen nicht abgebaut werden können und somit unverändert den Darm passieren. Aus diesem Grunde wurden sie lange Zeit geringschätzig als überflüssig, als „Ballast" unterbewertet.

Mittlerweile weiß man aber, daß sie eine Fülle wertvoller Dienste im Verdauungssystem erfüllen:

- Im Mund führen sie zu einem längeren und intensiveren Kauvorgang, was einen ausgeprägteren Speichelfluß zur Folge hat. Die vermehrte Entstehung von Speichel schützt den Zahnschmelz, sorgt für eine bessere Vorverdauung im Mund und bewirkt, daß man sich früher gesättigt fühlt.
- In Gegenwart von Ballaststoffen werden Kohlenhydrate langsamer aufgespalten und als Zucker ins Blut überführt. Es kommt zu einem allmählichen und damit nicht so hohen Blutzuckeranstieg, wovon vor allem Diabetiker profitieren.
- Die Ballaststoffe vermögen Wasser aufzunehmen und dadurch zu quellen. Das vermehrte Volumen dehnt den Darm und regt dadurch die Ringmuskulatur zu größerer Aktivität an. Dies wirkt einer Verstopfung (Obstipation) entgegen.
- Ballaststoffe binden Gallensäuren, die so mit dem Stuhl ausgeschieden werden.

Normalerweise werden nicht verbrauchte Gallensäuren durch die Darmwand wieder aufgenommen, weil sie für die Fettverdauung wichtig sind.

Fehlen sie nun, müssen sie aus Cholesterin nachgebildet werden – so kann indirekt der Cholesterinspiegel gesenkt werden. Als besonders wirkungsvoll hat sich dafür der wasserlösliche Ballaststoff Haferkleie herausgestellt.

- Ballaststoffe dienen als „Futter" für die Darmbakterien, die kleinen Helfer, die unser Verdauungssystem unterstützen, unsere Abwehr stärken und wertvolle Stoffe wie zum Beispiel Vitamin K produzieren. Beim Abbau der Ballaststoffe entstehen kurzkettige Fettsäuren, die auf der Darmoberfläche ein saures Milieu erzeugen. Unerwünschte Fäulnisbakterien werden dadurch verdrängt.

- Ballaststoffe binden Schadstoffe, darunter auch krebserzeugende Substanzen (Kanzerogene). Beim Aufquellen wird die Konzentration dieser Stoffe im Verdauungsbrei erniedrigt und durch die schnellere Darmpassage die Kontaktzeit mit der Schleimhaut verkürzt. Somit tragen die Ballaststoffe dazu bei, einer Krebsentstehung entgegenzuwirken.

Isolierte Ballaststoffe, wie zum Beispiel Weizenkleie, können in natürlichem Verbund belassene Ballaststoffe nur teilweise ersetzen, da es bei der Herstellung der Extrakte durch physikalische Veränderungen zu erheblichen Einbußen der physiologischen Wirkungen kommt.

Die Ballaststoffe sind in den einzelnen Lebensmitteln unterschiedlich zusammengesetzt und haben voneinander abweichende Wirkungen. Eine vielseitige, überwiegend pflanzliche Ernährung kann sicherstellen, daß immer eine gute Mischung verschiedener Ballaststoffe aufgenommen wird.

Hochgereinigte Kohlenhydrate wie Weißmehl und Industriezucker enthalten fast gar keine Ballaststoffe mehr und sollten deshalb gemieden werden.

Schadstoffbelastungen

Beim kontrollierten ökologischen Anbau verzichten die Landwirte bei der Erzeugung der Nahrungsmittel auf chemische Pflanzenschutzmittel und künstlichen Dünger. Wegen der globalen Schadstoffbelastung durch Luft und Wasser läßt sich jedoch eine Restbelastung nicht ganz ausschließen.

In Gegenden mit minderer Trinkwasserqualität empfiehlt sich im Haushalt für die Zubereitung der Mahlzeiten und heißer Getränke die Verwendung von Wasseraufbereitungsanlagen, die zum Beispiel nach dem Prinzip der Umkehrosmose arbeiten und so die Schadstoffe beseitigen.

Viele künstliche Zusatzstoffe in der Nahrung wie Konservierungsmittel, Farbstoffe, künstliche Aromen und Bindemittel entpuppen sich immer häufiger als Auslöser von Allergien und Unverträglichkeitsreaktionen. Im sogenannten Fooddesign kreiert die Industrie neuartige Nahrungs-

mittel aus normierten pflanzlichen oder tierischen Rohstoffen, die durch geschickte Zusammenfügung von optischen, Geruchs- und Konsistenzreizen zu neuartigem Genuß verlocken sollen. Bei verschiedenen modernen Lebensmitteltechnologien wie Gentechnik, Lebensmittelbestrahlung und Mikrowellenerhitzung liegen noch nicht genügend Erfahrungen vor, um ein gesundheitliches Risiko ausschließen zu können.

Kollath sagt: So naturbelassen **wie möglich.** Das bedeutet natürlich nicht, daß alle Nahrungsmittel roh verzehrt werden sollen. In manchen Fällen verbietet sich sogar der Verzehr von rohen pflanzlichen Lebensmitteln. Bei Hülsenfrüchten werden zum Beispiel erst durch Kochen schädliche Inhaltsstoffe, die Hämaglutinine und blausäurehaltige Verbindungen, zerstört.

Außerdem können bestimmte Verarbeitungsverfahren, wie zum Beispiel die Milchsäurevergärung durchaus Lebensmittel positiv verändern. Diese Vergärung, Fermentation genannt, zählt zu den ältesten Konservierungsverfahren. Es kommen dabei verschiedene Mikroorganismen zum Einatz, zum Beispiel Lactobazillen und Bifidobakterien. Fermentierte Lebensmittel wie Sauerkraut oder Joghurt und die in ihnen enthaltenen Keime beeinflussen die Bakterienflora des Darms günstig. Der menschliche Verdauungstrakt enthält etwa 10^{14} Mikroorganismen (eine 1 mit 14 Nullen), die sich aus 400 bis 500 Arten zusammensetzen. Sie sind für die Gesunderhaltung des Menschen von entscheidender Bedeutung, da sie unter anderem eine natürliche Schranke gegen krankmachende Erreger bilden, zum Beispiel Pilze wie Candida albicans verdrängen.

Durch den Kontakt mit der Darmschleimhaut stärken die Helfer unser Abwehrsystem. Milchsäurebakterien können eine keimtötende Wirkung auf schädliche Eindringlinge entfalten und wahrscheinlich sogar die Entstehung und Vermehrung von Krebszellen hemmen (antikanzerogene Wirkung).

Nicht nur fermentierte Milchprodukte, sondern auch milchsauer vergorene Gemüse können das Tumorwachstum hemmen, wie an milchsauer vergorenem unerhitztem Rote-Bete-Saft nachgewiesen wurde.

Wenn wir unsere Betrachtungen unter dem Kollathschen Gesichtspunkt zusammenfassen, können wir eine Ernährungsform dann als optimal einstufen, wenn sie alle gesundheitsförderlichen Stoffe in möglichst vollem Umfang enthält, also „vollwertig“ ist.

Bei der Suche nach empfehlenswerten Lebensmitteln stellt sich auch die Frage nach einem „gesunden“ Transport, also ob die Nahrungsmittel eventuell von anderen Erdteilen unter hohem Energieverbrauch zu uns gebracht werden müssen, oder ob nicht die Produkte zu bevorzugen sind, die im heimischen Umland wachsen, so daß wertvolle Energiereserven geschont werden und die bioaktiven Stoffe bestmöglich erhalten bleiben.

DEFINITION DER VOLLWERTERNÄHRUNG (NACH LEITZMANN 1993)

Vollwerternährung ist eine überwiegend laktovegetabile Ernährungsweise, bei der gering verarbeitete Lebensmittel bevorzugt werden. Gesundheitlich wertvolle Lebensmittel werden zu genußvollen Speisen zubereitet. Die hauptsächlich verwendeten Lebensmittel sind Vollkornprodukte, Gemüse und Obst, Kartoffeln, Hülsenfrüchte sowie Milch und Milchprodukte, daneben können auch geringe Mengen an Fleisch, Fisch und Eiern enthalten sein. Etwa die Hälfte der Nahrungsmenge besteht aus unerhitzter Frischkost. Die Zubereitung erfolgt schonend, mit wenig Fett und aus frischen Lebensmitteln; Nahrungsmittel mit Zusatzstoffen werden vermieden. Zusätzlich zur Gesundheitsverträglichkeit der Ernährung werden auch die Umweltverträglichkeit und die Sozialverträglichkeit des Ernährungssystems berücksichtigt. Das bedeutet unter anderem, möglichst ausschließlich Erzeugnisse aus anerkannt ökologischer Landwirtschaft zu verwenden sowie Erzeugnisse aus regionaler Herkunft und entsprechend der Jahreszeit zu bevorzugen. Weiterhin werden unverpackte oder umweltschonend verpackte Lebensmittel bevorzugt sowie umweltverträgliche Produkte und Technologien verwandt. Außerdem werden landwirtschaftliche Erzeugnisse bevorzugt, die unter sozialverträglichen Bedingungen erzeugt, verarbeitet und vermarktet werden (zum Beispiel fairer Handel mit Entwicklungsländern). Mit Vollwerternährung sollen hohe Lebensqualität – besonders Gesundheit –, Schonung der Umwelt und soziale Gerechtigkeit weltweit gefördert werden.

Fleisch und Gemüse

Die wertvollsten Nahrungsinhaltsstoffe sind vor allem in pflanzlicher Kost enthalten. Deshalb zeigen zahlreiche wissenschaftliche Studien, aber auch umfangreiche klinische Erfahrungen, daß eine vegetarische Lebensweise deutliche gesundheitliche Vorteile bietet.

Vegetarier erkranken signifikant seltener an Herz-Kreislauf-Erkrankungen, weisen seltener deren Risikofaktoren auf und erleiden weniger bösartige Neubildungen als die Bevölkerungsgruppe, die sich traditionelle Mengen an Fleisch und Wurst zuführt.

Dabei fällt auch ins Gewicht, daß viele unserer Schlachttiere am Ende der Nahrungskette stehen, also zum Beispiel:

- Alge wird von kleinem Fisch gefressen.
- Kleiner Fisch wird von Raubfisch verzehrt.
- Fischmehl dient als Futter für Hühner und Schlachttiere
- Mensch ißt Schlachttiere.

Orientierungstabelle für die Vollwert-Ernährung – Empfehlungen für die Lebensmittelauswahl gesunder Erwachsener

Wertstufen Mengen- empfehlung	Getreide	Gemüse Obst	Kartoffeln	Hülsenfrüchte
1 Sehr empfehlenswert Etwa die Hälfte der Nahrungsmenge **Nicht/gering verarbeitete Lebensmittel**	Gekeimtes Getreide Vollkornschrot (z. B. Frischkornmüsli) Frisch gequetschte Flocken	Frischgemüse Milchsaures Gemüse Frischobst		
2 Sehr empfehlenswert Etwa die Hälfte der Nahrungsmenge **Mäßig verarbeitete Lebensmittel**	Vollkornprodukte (z. B. Vollkornbrot, -nudeln, -flocken, -feinbackwaren) Vollkorngerichte	Erhitztes Gemüse, auch milchsaures Erhitztes Obst Tiefkühlgemüse*, -obst*	Gekochte Kartoffeln (mögl. Pellkartoffeln)	Gekeimte, blanchierte Hülsenfrüchte Erhitzte Hülsenfrüchte
3 Weniger empfehlenswert Nur selten verzehren **Stark verarbeitete Lebensmittel**	Nicht-Vollkornprodukte (z. B. Weißbrot, Graubrot, weiße Nudeln, Cornflakes, Auszugsmehl-Feinbackwaren) Geschälter (weißer) Reis	Gemüsekonserven (z. B. Tomaten in Dosen) Obstkonserven (z. B. Kirschen in Gläsern)	Fertigmischungen (z. B. Knödelmischung)	„Sojamilch“, Tofu Fertigmischungen (z. B. Bratlingsmischung)
4 Nicht empfehlenswert Möglichst meiden **Übertrieben verarbeitete Lebensmittel und Isolate/Präparate**	Getreidestärke (z. B. Maisstärke) Ballaststoffpräparate	Vitaminpräparate Mineralstoffpräparate Tiefkühlfertiggerichte	Pommes frites, Chips Kartoffelstärke	„Sojafleisch“ (TVP) Sojaprotein Sojalezithin

nach: Thomas Männle, Karl v. Koerber, Claus Leitzmann, Ingrid Hoffmann, Anke v. Hollen 1993; in Anlehnung an Kollath 1960

Die Übergänge zwischen den Reihen sind teilweise fließend.

üsse ette le	Milch Milch- produkte	Fleisch Fisch Eier	Getränke	Gewürze Kräuter Salz	Süßungsmittel
üsse*, Mandeln*, samen* (z. B. Son- nblumenkerne, sam), Ölfrüchte* . B. Oliven)	Vorzugsmilch		Ungechlortes Trinkwasser Kontroll. Quell- wasser Natürliches Mineralwasser	Ganze oder frisch gemah- lene Gewürze Frisch geern- tete Kräuter	Frisches, süßes Obst
eröstete Nüsse*, ußmuse* altgepreßte, nicht ffinierte Öle* ngehärtete Pflanzen- argarinen mit hohem nteil an Kaltpreßöl* utter*	Pasteurisierte Vollmilch Milchpro- dukte (ohne Zutaten) Käse* (ohne Zusatzstoffe)	Fleisch* (bis 2x/Woche) Fisch* (bis 1x/Woche) Eier* (bis 2/Woche)	Kräuter-, Früchtetees Verdünnte Fruchtsäfte Verdünnte Gemüsesäfte Getreidekaffee*	Gemahlene Gewürze Getrocknete Kräuter Jodiertes Meer-, Koch- salz*	Honig* (nicht wärmegeschädigt, verdünnt) Trockenobst* (ungeschwefelt, eingeweicht)
esalzene Nüsse xtrahierte, raffinierte tte und Öle ngehärtete Pflan- nmargarinen okosfett almkernfett utterschmalz	H-Milch (-produkte) Milchpro- dukte (mit Zutaten) Käse (mit Zu- satzstoffen)	Fleischwaren, -konserven Wurstwaren, -konserven Fischwaren, -konserven	Tafelwasser Fruchtnektare Kakao Bohnenkaffee, Schwarzer Tee Bier, Wein	Kräutersalz Meersalz, Kochsalz	Honig (wärme- geschädigt) Trockenobst (ge- schwefelt) Apfel-, Birnen- dicksaft Vollrohrzucker, Ahornsirup Zuckerrübensirup
uß(-Nougat)- reme ehärtete argarinen	Sterilmilch Kondensmilch Milchpulver Milchzucker Milch-, Mol- kenprotein Milch- und Käse-Imitate Schmelzkäse	Innereien Ei-Pulver	Limonaden, Cola- Getränke Fruchtsaft- getränke Instant-Kakao Instant-, Sportler- getränke Spirituosen	Aromastoffe (natürliche, naturidenti- sche, syntheti- sche) Geschmacks- verstärker (Glutamat)	Isolierte Zucker (z. B. Haushalts-, Trauben-, Frucht- zucker, brauner Zucker) Süßwaren, Süßig- keiten Süßstoffe

Die Nahrung sollte etwa je zur Hälfte aus der 1. und 2. Reihe ausgewählt werden. Lebensmittel aus Reihe 3 sollten nur selten verzehrt, aus Reihe 4 möglichst vermieden werden. Ein Stern (*) bedeutet, daß diese Lebensmittel mäßig verwendet werden sollten; diese mengenmäßige Einschränkung ist in den Reihen 3 und 4 durch die Überschrift gegeben und darum nicht nochmals vermerkt.
Weiter oben aufgeführte, d.h. pflanzliche Lebensmittel sollten gegenüber tierischen Lebensmitteln bevorzugt werden.

So reichern sich Schadstoffe, die in Pflanzen noch relativ geringer Konzentration vorhanden sind, zunehmend an. Deswegen sind vor allem Entgiftungsorgane wie Leber und Ausscheidungssysteme wie Nieren für den menschlichen Verzehr nicht mehr zu empfehlen.

Ferner werden Fleisch- und Wurstwaren im Körper überwiegend sauer verstoffwechselt. Es wird noch darüber diskutiert, ob die überschüssige Säure im Körper abgelagert wird, was eine Belastung des Bindegewebes darstellen würde. Gemüse und Obst wirken dagegen vor allem basenbildend, wobei viele Zusammenhänge des Säure-Basen-Gleichgewichts sich vor allem auf zellulärer Ebene bislang noch dem meßtechnischen Zugang entziehen. Deshalb existiert eine Fülle sich teils widersprechender Tabellen säure- und basenbildender Nahrungsmittel.

Betrachten wir das explosionsartige Wachstum der Weltbevölkerung und deren desolate Nahrungsmittelversorgung, erhebt sich auch die moralisch-ethische Frage, wie lange es noch gerechtfertigt ist, zur Erzeugung von einem Kilogramm tierischem Eiweiß sieben Kilogramm pflanzliches Protein einzusetzen, das selbst schon als hochwertige Nahrung dienen könnte.

Der Wert des tierischen Eiweißes wurde häufig überbewertet. Es blieb unberücksichtigt, daß beim Verzehr tierischer Proteine kein Weg daran vorbeiführt, auch unerwünschte Stoffe wie Fett, Cholesterin, gesättigte Fettsäuren und Purine (die Ausgangssubstanz der Harnsäure) aufzunehmen.

Die Bausteine, aus denen sich Eiweiß zusammensetzt, heißen Aminosäuren. Der menschliche Organismus kann nicht alle Aminosäuren selber synthetisieren, er ist auf

Der Fleischverbrauch stieg nach dem zweiten Weltkrieg in der Bundesrepublik Deutschland bis in die 90er Jahre unaufhaltsam an

deren Zufuhr über die Nahrung angewiesen. Die Wissenschaftler bezeichnen sie deshalb als essentielle (unerläßliche, lebensnotwendige) Aminosäuren.
Früher glaubte man, nur durch tierisches Eiweiß eine ausreichende Menge dieser essentiellen Aminosäuren zuführen zu können, daß also nur tierisches Protein biologisch hochwertig sei. Heute wissen wir, daß durch geeignete Kombinationen pflanzlicher Nahrungsmittel die gleiche biologische Wertigkeit erzielt werden kann. Eine günstige Mischung bietet zum Beispiel die Kombination von zwei Dritteln Bohnen und einem Drittel Mais.
Diese Kombinationsmöglichkeiten bringen eine sehr große Vielfalt in die vegetarische Küche.
Ein abwechslungsreicher Speiseplan beugt auch dem Auftreten von Nahrungsmittelunverträglichkeiten und Allergien vor. Dies ist zum Beispiel der Grundgedanke der Rotationsdiät, bei der das gleiche Nahrungsmittel immer nur in bestimmten zeitlichen Abständen genossen wird.
Die Abwechslung in der Auswahl der Nahrung vermindert auch das Risiko, einzelne Schadstoffe im Körper zu stark anzureichern.
Bei der ovo-lakto-vegetabilen Kostform ergänzen Eier und Milchprodukte die pflanzlichen Nahrungsbestandteile.
Hier drängt sich natürlich die Frage auf, ob Milch, die von der Natur zur Aufzucht heranwachsender Säugetiere gedacht ist, für den Speiseplan erwachsener Menschen günstig ist. Ganz sicher ist ein kalorienreiches Nahrungsmittel wie Milch kein Getränk zum Durstlöschen. Viele Frauen erhalten zum Beispiel vom Orthopäden und Gynäkologen die Empfehlung, möglichst viel Milch zu trinken, um durch eine hohe Calciumaufnahme der Osteoporose vorzubeugen.
Unerwünschte Wirkungen einer übermäßigen Zufuhr von Milch und ihren Produkten sind jedoch

- die sogenannte „Eiweißmast“, bei der überschüssiges Protein auf Zellmembranen abgelagert wird, was natürlich den Stoffaustausch zwischen den Zellen und Körperflüssigkeiten behindert.
- eine zu hohe Kalorienzufuhr durch den Fettanteil der Milch, der zu einem großen Prozentsatz aus gesättigten Fettsäuren besteht.
- Unwohlsein und Verdauungsbeschwerden, weil viele Menschen unter einer Milchzuckerunverträglichkeit (Lactoseunverträglichkeit) leiden, da ihnen im Darm die zum Abbau notwendige Enzymausstattung fehlt (Lactasemangel), oder an einer Allergie auf Milcheiweiß.

Milch ist als Nahrungsmittel zu betrachten, nicht als Getränk zum Durstlöschen

Man weiß, daß der Calciumbedarf an die Eiweißzufuhr gekoppelt ist, zur Zeit lautet bei einer Eiweißzufuhr von 100 g pro Person und Tag die allgemeine Empfehlung, 800 bis 1000 mg Calcium aufzunehmen. Da eine hohe Calciumzufuhr die Aufnahme von Eisen mindert, sollte man statt immer höherer Empfehlungen für die Calciumzufuhr eine Verringerung des Eiweißverzehrs bevorzugen.

Bei einer überwiegend pflanzlichen Kost wird weniger Gesamteiweiß aufgenommen, was zu einem entsprechend geringeren Calciumbedarf führt: bei 50 g Eiweiß pro Tag etwa 500 mg Calcium pro Tag. Ein Viertel Liter Milch liefert bereits 300 mg Calcium; es gibt also keinen Grund, täglich literweise Milch zu trinken, um den Calciumbedarf des Körpers zu decken. Eine Patientin berichtete uns zum Beispiel, ihr sei eine tägliche Zufuhr von sechs Litern Milch empfohlen worden, um einer bestehenden Osteoporose entgegenzuwirken.

Einen hohen Calciumgehalt in pflanzlicher Nahrung finden wir bei Brokkoli, Grünkohl und Vollkornprodukten. Vor allem Keimlinge sind gute Calciumspender, da der Komplexbildner Phytinsäure, der sonst die Aufnahme von Calcium in den Körper behindert, beim Keimvorgang abgebaut wird. Zudem haben Sprossen einen erhöhten Gehalt an Vitaminen und Enzymen und liefern biologisch hochwertiges Eiweiß.

Übrigens stellt Calcium nicht den allein verantwortlichen Faktor für die Stabilität und Elastizität der Knochen dar. Neben anderen Mineralien spielt das nicht röntgenstrahlendichte und somit bei der Knochendichtemessung nicht faßbare Bindegewebe aus Struktureiweiß (kollagenes Bindegewebe) eine große Rolle. Ganz wichtig ist dafür wieder die körperliche Bewegung – ein bewegter und geforderter Knochen wird nicht abgebaut, sondern in seiner Stabilität verstärkt.

Was Sie über Fett wissen sollten

Fett ist das energiereichste Nahrungsmittel, das uns zur Verfügung steht. Die Verbrennung von einem Gramm Fett im Körper setzt 9,3 Kilokalorien (kcal) nutzbarer Energie frei. Zum Vergleich: Aus einem Gramm Kohlenhydrate kann der Körper 4,1 kcal Energie für den Stoffwechsel gewinnen, aus einem Gramm Eiweiß 4,2 kcal.

Ernährt man sich sehr fettreich und verbraucht die erhöhte Energiezufuhr nicht durch körperliche Arbeit, treten langfristig die bereits besprochenen Zivilisationskrankheiten wie Übergewicht, Fettstoffwechselstörungen, Herz-Kreislauf-Beschwerden oder metabolisches Syndrom auf, die die Lebenserwartung deutlich reduzieren.

Zahlreiche Studien beweisen auch, daß bei einer hohen Gesamtfettaufnahme die Wahrscheinlichkeit von Krebserkrankungen ansteigt.

Die deutsche Bevölkerung ernährt sich im Durchschnitt nach wie vor zu fettreich: 36 % der Gesamtenergieaufnahme stammen aus Fett. Diesen hohen Anteil gilt es auf 20–30 % zu reduzieren.

Fettmoleküle bestehen immer aus einem Glycerinbaustein und drei Fettsäuren.

Die Fettsäuren können kurz-, mittel- oder langkettig sein, je nachdem, wie viele Kohlenstoffatome aneinandergereiht sind. Typisch sind 14 bis 24 Kohlenstoffatome; am häufigsten kommen Fettsäuren mit 16 oder 18 C-Atomen vor.

Wir unterscheiden „gesättigte“ und „ungesättigte“ Fettsäuren.

Bei einer **gesättigten Fettsäure** sind alle chemischen Bindungsstellen an den Kohlenstoffatomen mit Wasserstoffatomen belegt, das heißt „gesättigt“.

Bei einer **ungesättigten Fettsäure** bestehen zwischen zwei oder mehreren Kohlenstoffatomen Doppelbindungen, hier können noch weitere Atome (zum Beispiel Wasserstoff) ankoppeln, wenn geeignete Reaktionsbedingungen herrschen. Zu diesen ungesättigten Fettsäuren gehören die Linolsäure (18 Kohlenstoffatome, zwei Doppelbindungen) und die Linolensäure (18 Kohlenstoffatome, drei Doppelbindungen). Sie sind für den Menschen essentiell, das heißt sie müssen über geeignete Nahrungsmittel zugeführt werden. Diese Fettsäuren besitzen zahlreiche Aufgaben im Stoffwechsel. Sie dienen zum Beispiel als Bausteine für Zellmembranen und als Ausgangssubstanzen für die Synthese von Prostaglandinen, das sind hormonähnliche Botenstoffe, die bei der Regulation der Blutgerinnung, der Immunabwehr und von Entzündungsprozessen eine wichtige Rolle spielen.

Die Zufuhr gesättigter Fettsäuren, die vor allem in tierischer Nahrung vorkommen, soll 10 % der Gesamtenergiezufuhr nicht überschreiten. Bei den restlichen 20 % sollen einfach ungesättigte überwiegen, weil die mehrfach ungesättigten Fettsäuren viel Vitamin E verbrauchen, um die Doppelbindungen zu stabilisie-

Nahrungsmittel mit einem hohen Gehalt an

Linolsäure:	**alpha-Linolensäure:**
Speiseöle	Leinöl
Margarinen	Rapsöl
Nüsse	Walnußöl
Ölsamen	Sojaöl
Vollkornprodukte	Portulak
	Spinat

Olivenöl ist reich an wertvollen, einfach ungesättigten Fettsäuren

HINWEISE ZUR VERWENDUNG VON FETTEN

- **Beim Braten reichert sich das Bratgut mit Fett an (ungewollte Erhöhung der Kalorien!), und es können krebserregende Stoffe entstehen. Wer das Braten nicht missen kann, sollte beachten, daß nur wenige Fette, wie zum Beispiel Kokosfett und Butterschmalz, über 200 °C erhitzt werden können, ohne schädliche Stoffe zu entwickeln.**
- **Für Rohkost und Salate sind kaltgepreßte Öle aus erster Pressung optimal, da sie einen hohen Gehalt an Vitaminen und sekundären Pflanzenstoffen aufweisen.**
- **Zusammenfassend läßt sich sagen:**
Wer schlau ist,
– reduziert den Fettverzehr insgesamt
– meidet versteckte Fette (in Fleisch, Wurst, Torten etc.)
– bevorzugt Fette im natürlichen Verbund (Nüsse, Samen etc.)

ren. Olivenöl ist zum Beispiel reich an einfach ungesättigten Fettsäuren. Auf diesem Gebiet wird gegenwärtig auch im Hinblick auf die Arterioskleroseentstehung sehr viel geforscht, so daß mit weiteren spannenden Ergebnissen zu rechnen ist.

Butter oder Margarine?

Je nachdem, ob die Studien – präsentiert auf buntem Hochglanzpapier – von der Milchwirtschaft oder den Margarineherstellern gesponsert werden, fallen die Empfehlungen unterschiedlich aus.

Fest steht, daß **Butter** einen höheren Anteil gut verdaulicher kurzkettiger Fettsäuren enthält. Butter enthält zwar Cholesterin, aber bei normal regulierendem Cholesterinstoffwechsel und niedrigem Gesamtfettverbrauch sind daraus keine Nachteile zu erwarten.

Bei streichfähigem Pflanzenfett **(Margarine)** sind unterschiedliche Herstellungsverfahren für die Qualität ausschlaggebend.

Chemische Härtungsverfahren (Hydrierung) führen zu einem Verlust von wertvollem Vitamin E und zur Entstehung von biologisch nicht aktiven räumlichen Strukturen der Fettsäuren, den sogenannten Transfettsäuren. Haben nämlich Moleküle die gleiche chemische Summenformel, heißt das noch lange nicht, daß sie auch die gleiche räumliche Anordnung einnehmen. Und das ist wichtig, da viele Stoffwechselreaktionen nach dem Schlüssel-Schloß-Prinzip ablaufen, bei dem nur eine einzige räumliche Paßform andocken kann. Empfehlenswerter als hydrierte (gehärtete) Margarine sind Mischungen aus natürlich härteren Pflanzenfetten wie Palmkern- oder Kokosfett und kaltgepreßten Pflanzenölen.

Bewegung und Ruhe

Außer einer bewußten Ernährung spielt auch die Ausgewogenheit zwischen körperlicher Bewegung und Ruhe eine entscheidende Rolle. Die Römer nannten die beiden Pole „Motus und Quietas".

Für uns ist es selbstverständlich, hochwertige technische Geräte wie Computer oder Auto zu warten und zu pflegen. Nur von unserem Körper erwarten wir trotz miserabler, nicht sachgerechter Behandlung ständig Höchstleistungen. Betrachten wir das Fasten als eine Periode der Wartung, die uns von Altlasten befreit, so dient die körperliche Bewegung der täglichen Pflege der sensiblen High-Tech-Strukturen unseres Körpers wie Gefäßsystem, Muskulatur, Knochen, Sehnen, Bänder etc. Hierzu eignen sich besonders gut **Ausdauersportarten** wie Schwimmen, Laufen, Radfahren, Skilanglauf und Ergometertraining. Übergewichtige sollten gelenkschonende Sportarten wie Schwimmen und Radfahren wählen.

Planen Sie Ihr Bewegungstraining täglich zu einer bestimmten Zeit ein, um es wie Waschen und Zähne putzen zur guten Gewohnheit werden zu lassen. Hat sich dieser Ritus erst einmal etabliert, werden Sie ihn nicht wieder missen wollen, weil Sie die positive Rückmeldung Ihres Körpers spüren.

Auch **Kneippsche Anwendungen** wie

- Wassertreten
- Wechsel-Arm- und Fußbad
- Wechsel-Schenkel-, Arm- und Kniegüsse
- regelmäßige Gänge in die Sauna

dienen der Pflege unserer Blutgefäße und stärken unser Immunsystem.

Ganz besonders wichtig:

Trainieren Sie täglich den **liebevollen Umgang mit sich selbst!**

Nur wenn Sie Ihre eigene Person fürsorglich und beschützend anneh-

WICHTIG FÜR EIN GESUNDES AUSDAUERLAUFEN

- **Vermeiden Sie künstliche Böden wie Asphalt oder Beton; am besten ist ein federnder Waldweg.**
- **Die Laufschuhe sollen den Knöchel stabilisieren und gut dämpfende Sohlen aufweisen.**
- **Wärmen Sie sich vor dem Start einige Minuten mit Dehnübungen auf.**
- **Beginnen Sie das Training mit einer kurzen, ringförmigen Übungsstrecke, um die Gelenke allmählich an die Belastung zu gewöhnen. Später können Sie den Trainingserfolg an der Anzahl der Runden messen, die Sie ohne Probleme schaffen.**
- **Die optimale Trainingsfrequenz für den Pulsschlag liegt bei 180 minus Lebensalter.**

WEISHEIT DES BRAHMANEN

„In jedem Menschen lebt ein Bild
des, das er werden soll.
Solange er das nicht ist,
wird nicht sein Friede voll."
Friedrich Rückert

men, werden Sie eine positive Ausstrahlung auf andere ausüben können und Lebensfreude ernten.
So wie gesunde Ernährung und Ausdauerbewegungstraining nicht bei einmaligem Einsatz zum gewünschten Erfolg führen, ist für die Pflege des positiven Denkens die tägliche Neuentscheidung und Übung erforderlich.
Sie werden sehen – die Mühe lohnt sich!
In dem Bewußtsein „Ich gebe mein Bestes, mehr kann keiner" werden übermäßige Sorge und Hektik Sie verlassen, und Sie können sich froh, ruhig und konzentriert Ihren Aufgaben widmen.

Ein Wort zum Schluss

Liebe Leserin, lieber Leser,
selbst wenn Sie dem Fasten noch skeptisch gegenüberstehen, weil Sie vorher noch nicht viel Information darüber erhalten haben – unser großes Anliegen ist, Ihnen Mut zu machen, diese psychopädischen Verhaltensweisen auszuprobieren. Sie können sofort damit anfangen. Wir wissen aus eigener Erfahrung, daß die Methode wirkt.

Viel Erfolg beim Umsetzen der neuen Erkenntnisse!

ANHANG

Kostenerstattung für Fastenkuren in einer Klinik

„Herr Doktor, ich kann doch nicht in einer Privatklinik fasten, ich bin doch nur gesetzlich versichert!“

Diese häufig geäußerte Behauptung zeigt, daß eine babylonische Verwirrung besteht bezüglich einiger Begriffe wie Privatklinik, Sanatorium, Rehabilitation etc. Deshalb möchten wir zu diesem Thema einige erläuternde Worte anfügen.

Klinik ist ein ungeschützter Begriff für Anstalten, in denen Patienten stationär ärztlich behandelt werden.

Privatklinik bedeutet, daß nicht Staat, Stadt oder Land die Träger sind, sondern eine private natürliche oder juristische Person die Einrichtung betreibt. Privatklinik heißt nicht, daß nur privat versicherte Patienten aufgenommen werden. Wenn ein sogenannter Versorgungsvertrag mit den gesetzlichen Krankenkassen besteht, können auch AOK, Ersatzkassen und andere Krankenversicherungen (siehe Kasten) die Kosten übernehmen oder Zuschüsse gewähren.

Akutkrankenhaus bezeichnet eine Krankenanstalt, die im Bettenbedarfsplan des jeweiligen Landes aufgenommen ist. In diese Häuser kann der Hausarzt ohne vorherigen Antrag bei der Kasse einweisen.

Sanatorium oder Kurklinik bezeichnet eine Einrichtung, in der Heilmaßnahmen durchgeführt werden, die man als Sanatoriumskur, als stationäre Vorsorgekur oder als Rehabilitation bezeichnet.

TRÄGER DER GESETZLICHEN KRANKENVERSICHERUNG

- **Ortskrankenkassen**
- **Innungskrankenkassen**
- **See-Krankenkasse**
- **Ersatzkassen**
- **Bundesknappschaft**
- **Landwirtschaftliche Krankenkassen**
- **Betriebskrankenkassen**

Welche Möglichkeiten der Kostenerstattung gibt es?

Bei den **gesetzlichen Krankenversicherungen** besteht die Möglichkeit der Genehmigung

- für eine medizinische Vorsorgeleistung als stationäre Vorsorgekur, wenn eine Schwächung der Gesundheit vorliegt, die in absehbarer Zeit voraussichtlich zu einer Krankheit führen würde, oder zur Vermeidung von Pflegebedürftigkeit

- zur medizinischen Rehabilitation (früher stationäre Kur). Ziel einer medizinischen Rehabilitationsbehandlung ist es, Berufs- oder Erwerbsunfähigkeit zu vermeiden. Bei diesen beiden Maßnahmen erstattet die Kasse der Klinik einen festen pauschalen Pflegesatz, der medizinisch notwendige Leistungen abdeckt. Den Patienten selbst trifft ein Eigenanteil von bislang DM 12,– pro Tag (Stand 9/96).
- Genehmigt die Kasse eine ambulante Badekur, kann die Klinik die Anwendungen sowie einen pauschalen Arztbetrag von etwa DM 25,– pro Woche mit der Kasse abrechnen. Kosten für Übernachtung, Verpflegung, Medikamente, Labor etc. sind vom Patienten zu tragen.

Diese medizinischen Vorsorgekuren, Rehabilitationen und auch Badekuren muß der Hausarzt mit einem Attest bei der gesetzlichen Kasse beantragen. Die Genehmigung entscheidet in der Regel der Medizinische Dienst der Krankenkassen. Erfahrungsgemäß sind diese Ärzte über Naturheilverfahren, speziell auch über die Fastentherapie, häufig unzureichend informiert, da die Naturheilverfahren noch nicht lange Gegenstand der universitären ärztlichen Ausbildung sind. Allzu oft wird dabei die Frage gestellt: *„Sie sind doch nicht zu dick, wieso wollen Sie fasten?"* Fundierte Argumente von Patienten, freundlich und fest vorgetragen, können eine Entscheidung positiv beeinflussen. Als Hilfe mag auch der Hinweis dienen, daß die Behandlung in einem Akutkrankenhaus ein Vielfaches an Kosten für die Solidargemeinschaft erzeugt und daß Fasten ein hohes Maß an ei-

TRÄGER DER RENTENVERSICHERUNG

- Landesversicherungsanstalten
- Bundesbahn-Versicherungsanstalt
- Seekasse
- Bundesversicherungsanstalt für Angestellte
- Bundesknappschaft
- Landwirtschaftliche Alterskassen

genem Einsatz erfordert. Ferner hilft es dabei, eine Änderung der künftigen Lebensführung zu erreichen. Fasten ist ja eine fachübergreifende Therapie, die nicht in das organbezogene Schubladendenken des Rehaklinikwesens paßt.

Die privaten Krankenversicherungen bieten in ihren Leistungen einen Kurtarif an, der meist durch die Versicherungsnehmer aus Kostengründen nicht abgeschlossen wird. Deshalb erstatten die privaten Kassen anstandslos bei Behandlungen in Akutkliniken, bei Kurkliniken jedoch nicht, wenn diese Leistung bei Vertragabschluß nicht vereinbart wurde. Dennoch sind Ausnahmeregelungen (Kulanz, vom lateinisch-französischen kulant – großzügig, entgegenkommend) möglich, zum Beispiel für Arztkosten, Labor und Anwendungen. Es lohnt sich also, bei der privaten Kasse nachzufragen.

Die Beihilfe ist eine eigenständige beamtenrechtliche Krankenfürsorge. Durch die Beihilfe beteiligt sich der Dienstherr an den Krankheitskosten. Der Anteil der Beihilfe an den Rehabilitationsaufwendungen richtet sich nach den individuellen Bemessungsgrundsätzen des Beihilfeberechtigten (50–80 %).
Der Differenzbetrag wird von einer zusätzlichen Versicherung, meist einer privaten Krankenversicherung getragen, wenn dieses Risiko individuell vertraglich abgesichert ist. Ob eine „Sanatoriumskur“, so heißt die stationäre Maßnahme bei der Beihilfe, genehmigt wird, entscheidet der zuständige Amtsarzt.

Die Rentenversicherungsträger (LVA = Landesversicherungsanstalt, BfA = Bundesversicherungsanstalt für Angestellte usw.) beschicken für Rehabilitationen ihre Vertragskliniken, deren Eigner sie oft sind. In BfA-Kliniken wird derzeit keine Fastentherapie angeboten. Ist eine solche Behandlung angezeigt und kann vom Rentenversicherungsträger nicht geboten werden, ist wieder die gesetzliche Krankenkasse für die Leistung zuständig. Über Leistungen der Rentenversicherungsträger entscheidet deren Sozialmedizinischer Dienst.

BERUFSGENOSSENSCHAFTEN

- Gewerbliche Berufsgenossenschaften
- See-Berufsgenossenschaft
- Landwirtschaftliche Berufsgenossenschaft
- Gemeindeunfallversicherungsverbände
- Ausführungsbehörden für Unfallversicherung des Bundes, der Länder und Gemeinden
- Feuerwehr-Unfallversicherungskassen

Die gesetzliche Unfallversicherung kann auch Rehabilitationen gewähren bei Arbeitsunfällen, Wegeunfällen und Berufskrankheiten. Leistungsträger sind die Berufsgenossenschaften (siehe Kasten).
Über die Leistung entscheidet der sogenannte Durchgangsarzt.

Auch **die Sozialhilfe** kann Rehabilitationen gewähren für Personen mit einer durch körperliche, geistige oder seelische Regelwidrigkeit verursachten erheblichen Beeinträchtigung der Fähigkeit zur Eingliederung in die Gesellschaft.
Wiederholungsbehandlungen sind grundsätzlich nach drei Jahren möglich. Die Dreijahresfrist braucht jedoch nicht eingehalten werden, wenn gewichtige gesundheitliche Gründe vorliegen, die eine vorzeitige wiederholte Heilbehandlung dringend erforderlich machen.

Die Klinik von Weckbecker

Die 1954 eröffnete Fachklinik für naturgemäße Heilmethoden liegt landschaftlich besonders reizvoll. Die herrliche Natur, die gute Luft, der nahe Wald und das gesunde Reizklima unterstützen Heilungsprozesse und lassen unsere Besucher Ruhe und Entspannung finden. Nach gründlicher ärztlicher Untersuchung, Einführungsgespräch und Laboranalysen wird je nach Befund die Therapie festgelegt und ärztlich überwacht. Zur Anwendung kommen Phytotherapie (Heilpflanzen), Homöopathie, Diättherapie, Chirotherapie, Neuraltherapie, Bewegungstherapie, physikalische Therapie, autogenes Training und die kombinierte Heilfastentherapie (auch die Milch-Semmel-Diät nach F. X. Mayr).

Vegetarische Vollwertkost wird als besonders wichtiger Heilfaktor eingesetzt, sowohl bei einer naturgemäßen Behandlung ohne Fastentherapie, als auch bei der Aufbaudiät. Salat und Gemüse, vorwiegend aus eigenem biologischem Anbau, enthalten noch alle lebenswichtigen Wirkstoffe und schmecken, frisch aus dem Garten, besonders köstlich. Vitalstoffreiche Vollwertkost fördert die Gesundheit und verbessert Spannkraft und Konzentrationsfähigkeit.

Beispiele aus der Praxis des Heilfastens

Wir haben immer wieder erlebt, wie tiefgreifend sich das Heilfasten auswirkt, und wie entscheidend es zur Gesundung beitragen kann. Wir wollen hier deshalb einige Beispiele beschreiben, um auch denjenigen Menschen neuen Mut zu geben, die nicht mehr so recht an die Heilung ihrer teils erheblichen und langwierigen Beschwerden glauben können. Diese Fälle erfüllen zwar nicht den von der universitären Medizin geforderten Anspruch nach statistischer Sicherheit, veranschaulichen aber doch, wie im Einzelfall Patienten durch das Fasten geholfen werden kann, die von der herrschenden Medizin mit Worten wie: „Damit müssen Sie leben", „Sie sind austherapiert" oder „Diese Medikamente müssen Sie lebenslang nehmen" aufgegeben werden.

Man muß immer deutlich unterscheiden zwischen der **statistischen Wahrscheinlichkeit** und der **individuellen Chance zur Genesung** (J. Derbolowsky). Zur Erklärung:

Das Ziel ärztlichen Handelns muß es also sein, in den Menschen all jene Kräfte zu wecken und zu stärken, die die individuellen Heilungschancen optimieren.

Überlebt zum Beispiel nach der statistischen Wahrscheinlichkeit nur ein Mensch von einer Milliarde eine sonst tödliche Erkrankung, hat ein Patient mit der gleichen Diagnose trotzdem eine 100 %ige Chance auf Genesung. Oder anders ausgedrückt: Bei einer 99 %igen Heilungswahrscheinlichkeit gibt es jeweils einen unter hundert Betroffenen, dem diese an sich positive Statistik für sein individuelles Schicksal wenig nützt.

Evelyn B.

Die 39jährige Versicherungsangestellte, verheiratet, zwei Kinder, litt seit dem 12. Lebensjahr an Migräne mit einem Schmerzmittelverbrauch von 5 bis 8 Zäpfchen pro Tag. Wie häufig bei Kopfschmerzpatienten, klagte sie über chronische Verstopfung (Obstipation). Bei einer Körpergröße von 172 cm war sie mit 68 kg nicht übergewichtig. Aufgrund der permanenten Kopfschmerzen bot sie das Bild einer ausgeprägten depressiven Erschöpfung und wirkte deutlich vorgealtert. Ihre Erkrankung grenzte sie aus privaten und beruflichen Aktivitäten aus. Sportliche Betätigung war ihr unmöglich.

Wie viele Patienten, die schon einen langen Leidensweg mit erfolglosen Therapieversuchen hinter sich gebracht haben, stand auch sie der Fastentherapie sehr zweifelnd gegenüber, gepaart mit einem trotzig vorwurfsvollen Heilungsanspruch. Beim Beginn der 18tägigen Fastentherapie erlitt sie einen massiven

Die Klinik von Weckbecker

Migräneanfall, so daß sie die Abreise in Erwägung zog. Im weiteren Verlauf bildeten sich jedoch die Beschwerden zurück. In den vier Folgemonaten war die Patientin frei von Kopfschmerzen, konnte beruflich gut arbeiten, Kinder und Mann gut versorgen. Dann traten wieder Migränebeschwerden in steigender Häufigkeit auf, was die Patientin schließlich nach acht Monaten wieder zur stationären Behandlung nötigte. Eine Fastenzeit von 21 Tagen brachte nach anfänglicher Verschlimmerung wieder Beschwerdefreiheit für ein halbes Jahr. Seither befand sich die Patientin neunmal in stationärer Behandlung. Die anfänglich massiven reaktiven Beschwerden nimmt sie auf sich und finanziert die Behandlung größtenteils selbst, weil ihr keine andere Behandlung (inclusive des neuen Migränemittels Imigran) zu mehrmonatiger Beschwerdefreiheit verhilft. Leider ist der Patientin aus beruflichen Gründen eine halbjährige Durchführung der Therapie nicht möglich. Sie hat das aber für die Zukunft geplant.

Nicht jede Migräne verschwindet beim ersten Fasten, sondern in manchen besonders schweren Fällen sind regelmäßige Behandlungen einzuplanen, um die Beschwerden in Grenzen zu halten und schwere Schäden als Folge des Schmerzmittelmißbrauchs zu vermeiden.

Grete D.

Die 87jährige Patientin hat seit ihrem 55. Lebensjahr fast jährlich in unserer Klinik gefastet. Bei ihrem ersten Aufenthalt 1963 stand eine Migräne im Vordergrund, die bis dato mit vielerlei Behandlungsversuchen nicht gebessert werden konnte. Bereits nach der ersten Fastenbehandlung verschwand die Migräne ohne wiederzukehren. Die Patientin fühlte sich nach dem Fasten wohl und leistungsfähig. Ihre chronische Verstopfung mit Blähneigung und Gasbauchbildung hatte sich so weit gebessert, daß sie keine Abführmittel mehr benötigte. Sie blieb der Fastentherapie über Jahrzehnte hinweg treu, da sie damit auch andere zwischenzeitlich aufgetretene Beschwerden wie einen schwankenden Bluthochdruck und reaktive depressive Verstimmungen und Schlaflosigkeit, zum Beispiel nach dem Tod des Ehemannes, gut in den Griff bekommen konnte.

Die Lebensgeschichte dieser Patientin zeigt eindrucksvoll, wie die Befreiung von einer quälenden Erkrankung Vertrauen schafft, auch weitere gesundheitliche Störungen innerhalb eines langen Lebens mit einer Fastentherapie als Behandlung der ersten Wahl anzugehen.

Rosa S.

Rosa S., Gastwirtin, Mutter zweier Kinder, erkrankte im Alter von 30 Jahren an Gelenksrheuma mit positivem Rheumafaktor. Betroffen waren vor allem Hände, Füße und Knie. Die übliche Behandlung mit Goldspritzen, Kortison und entzündungshemmenden und schmerzstillenden Medikamenten brachte keine Besserung. Mit 31 Jahren führte sie die erste Fastentherapie mit 28 Fastentagen durch. Bei einer Körpergröße von 165 cm ging das Gewicht von 53 kg auf 47,5 kg zurück. Die Patientin war bei Beginn also alles andere als übergewichtig. Die anfänglich mit 117/138 massiv erhöhten Blutsenkungswerte sanken auf 28/66 (Normalwert der ersten Stunde bis 20). Die Anzahl weißer Blutkörperchen (Leukozyten) ging von 11 400 auf 6 800 zurück (normal 4 000 bis 10 000). Der behandelnde Hausarzt empfiehlt gegenüber der Landesversicherungsanstalt für die Auswahl einer Therapieeinrichtung für eine erneute Behandlung: Frau S. leidet seit 1980 an einer primär chronischen Polyarthritis (= „Rheuma", Anmerkung der Verfasser) zunächst aller Gelenke einschließlich der Hüfte, Knie- und Ellbogengelenke. Alle zunächst durchgeführten üblichen Behandlungen brachten keinen Erfolg. Erst eine Behandlung in der Privatklinik Dr. von Weckbecker in Bad Brückenau mit physikalisch-diätetisch-medikamentöser Therapie mit Heilfasten und einer Nachbehandlung nach einem halben Jahr brachte eine wesentliche Besserung der Beschwerden. Objektiv war ein Rückgang der Gelenkschwellungen und der Gelenksteifigkeit feststellbar. Da eine Heilmaßnahme genehmigt ist, halte ich eine Behandlung in dieser Klinik für wesentlich sinnvoller (als den Aufenthalt in einer LVA-Einrichtung, Anmerkung der Verfasser).

Dieser Brief zeigt, wie Hausärzte, die zunächst noch keine Erfahrung mit der Fastentherapie hatten, durch den Behandlungserfolg zu überzeugen und zu motivieren sind, diese Therapieform in ihr Behandlungskonzept einzubeziehen.

Die geschilderte Patientin hat mittlerweile ein Alter von 46 Jahren erreicht mit bis zu sieben Jahren währenden beschwerdefreien Phasen. Sie führt bei sich andeutenden Verschlechterungen, mittlerweile nur noch Finger- und Fußgelenke betreffend, stationäre Fastenbehandlungen durch, bis zum jetzigen Zeitpunkt neunmal, mit Fastenperioden von 25 bis 30 Tagen. Sie hat dadurch ihre volle Beweglichkeit erhalten und somit natürlich auch Lebensfreude gewinnen können.

Gisela K.

Die jetzt 59jährige Apothekersgattin kam vor 10 Jahren zum ersten Mal zur Fastentherapie. Zu diesem Zeitpunkt litt sie bereits seit 13 Jahren an Asthma bronchiale und war auf die Einnahme von Kortison und bronchienerweiternden Medikamenten angewiesen, die zeitweise nicht mehr ansprachen. Ferner klagte sie über Gelenkbeschwerden zeitweise „aller Gelenke“ sowie geschwollene Beine. Sie fastete 24 Tage und inhalierte dabei nur noch mit einem antiallergischen Mittel auf pflanzlicher Basis. Atmungs- und Gelenkbeschwerden besserten sich deutlich. Nach der dritten Woche gab sie an, die Atmung habe sich so sprunghaft verbessert, daß sie das Gefühl habe, man habe ihr einen Stöpsel aus dem Hals gezogen. Dieser Zustand hielt ungefähr ein halbes Jahr an.

Ausgelöst durch einen Infekt in den Wintermonaten sowie psychische Belastung durch einen schweren Unfall ihres Mannes mit Hirnverletzung und daraus folgender Wesensveränderung verschlechterte sich das Asthma erneut. Auch diese Verschlechterung konnte durch 16tägiges stationäres Fasten deutlich gebessert werden. Von da an fand die Patientin einen persönlichen Rhythmus von ein- bis zweimal jährlichen Fastenperioden, mit deren Hilfe sie die psychische Belastung durch ihren Mann und die asthmatischen Beschwerden bei minimalem Verbrauch der üblichen chemischen Medikamente im Griff behalten konnte.

Oswald M.

Der 51jährige Schreiner litt seit zwei Jahren im Anschluß an einen grippalen Infekt an Asthma bronchiale. Dadurch wurde seine Erwerbsfähigkeit um 70 % gemindert. Seit einem Jahr mußte er neben den bronchienerweiternden Medikamenten regelmäßig Kortisontabletten einnehmen, was zu einer erheblichen Gewichtszunahme führte. Der 172 cm große und 92,2 kg schwere Patient fastete 17 Tage und verlor dabei 9,5 kg. Die anfänglich erhöhten Blutfett- und Harnsäurewerte lagen bei Entlassung im Normbereich. Das Kortison konnte langsam ausschleichend abgesetzt werden. Bei dem beratenden Abschlußgespräch gab der Patient erfreut an, nicht mehr unter Atemnot zu leiden. Die anfänglich mehrmals täglich ohne Erfolg eingesetzten Aerosol-Sprays hatte er selbst abgesetzt. Im weiteren Verlauf brauchte er ein Vierteljahr lang kein Kortison; doch immer, wenn er einen Infekt erlitt oder den Verlockungen der Schlachtschüsseln erlag und sein Gewicht kletterte, verschlechterte sich der Lungenbefund, und er trat reumütig wieder eine Fastentherapie an, oft auf eigene Kosten. Obschon er seinen Betrieb bereits an seinen Sohn abgegeben hatte, war er nicht davon abzuhalten, wieder tatkräftig und ausdauernd mitzuarbeiten.

Ulrich H.

Der 42jährige Architekt kam wegen Migräne und einer Allergie auf Pollen, Karotten, Äpfel und Nüsse zu uns. Er fastete 15 Tage, abgesehen von den Kopfschmerzen am ersten Tag, ohne Probleme. Es normalisierte sich dabei sein anfänglich erhöhtes Cholesterin. Das Körpergewicht war bei dem 176 cm großen Mann von 76,0 auf 69,5 kg zurückgegangen. Er befand sich bei der Entlassung in einem sehr guten Allgemeinzustand. Drei Jahre später verspürte er erneut das Bedürfnis zu fasten. Er berichtete, daß sich die seit dem 30. Lebensjahr bestehende Migräne deutlich gebessert hatte. Die Allergien waren verschwunden. Er fastete noch einmal 13 Tage ohne Komplikationen.

Marlies K.

Ein sehr beeindruckendes Beispiel, wie die kombinierte Fastentherapie einem polytraumatisierten Menschen helfen kann, ist die Krankengeschichte von Marlies K.
Sie war im Alter von 39 Jahren als Fahrerin eines Personenkraftwagens verunfallt. Die Röntgenuntersuchung der neurologischen Uniklinik zeigte eine gedeckte Schädel-Hirn-Verletzung. Außerdem fanden sich Mittelgesichtsfrakturen im Bereich der linken Augenhöhle. Ferner lag ein Bruch der Hüftgelenkspfanne, des Oberschenkels links, des Ellbogens links und des Schienbeinkopfes vor. Es erfolgte eine operative Versorgung der Hüftpfanne und

des Oberschenkelbruchs links. Frau K. mußte zwei Wochen künstlich beatmet werden. Einen Monat nach dem Unfall wurden der Ellbogenbruch sowie die Mittelgesichtsbrüche operiert. Die Patientin konnte bis auf ein deutlich linkshinkendes Gangbild mobilisiert werden. Die Folgen des Unfalls bei einer Nachuntersuchung drei Jahre später: unter anderem Bewegungseinschränkung des linken Hüftgelenks und des linken Kniegelenks. Frau K. kam erstmals im Alter von 52 Jahren in unsere Behandlung, also 13 Jahre nach dem Unfall.

Bei der Aufnahmeuntersuchung klagte sie über ihre eingeschränkte Gehfähigkeit mit starken Rückenschmerzen und ausgeprägten Schwindelattacken. Im Vordergrund ihrer Beschwerden aber stünden rasende Kopfschmerzen und Schlafstörungen, die einen erheblichen Verbrauch an starken Schmerzmitteln erforderten. Sie könne sich schlecht konzentrieren, die Merkfähigkeit sei eingeschränkt, so daß sie sich außerhalb ihres Haushalts allein nicht orientieren könne und oft verlaufe.

Nicht zu verwundern, daß sie von quälenden Depressionen heimgesucht wurde, die sie nahezu vollständig von einem normalen sozialen Leben isolierten.

Sie unterzog sich einer dreiwöchigen Saftfastentherapie kombiniert mit Kneippschen Anwendungen, Ergometrietraining und physiotherapeutischen Einzelbehandlungen, sowie autogenem Training und Gesprächstherapie. Die Behandlung verlief, von anfänglichen reaktiven Beschwerden abgesehen, komplikationslos.

Bei der Schlußuntersuchung zeigte Frau K. sich glücklich und zufrieden über eine deutliche Besserung entscheidender Beeinträchtigungen: Sie konnte sich leichter und sicherer fortbewegen mit besserem Gangbild, nach ihren eigenen Angaben „nicht mehr wie eine Dampflok". Die Kopfschmerzen hatten soweit nachgelassen, daß sie kaum noch Schmerzmittel benötigte. Durch diese positive Entwicklung und die stimmungsaufhellende Wirkung des Fastens hatte sie wieder neuen Lebensmut gefaßt. Seither unterzog sie sich jährlich einer Fastentherapie und konnte damit ihre Beschwerden gut im Griff behalten.

An diesem Beispiel wird deutlich, daß sich Unfallfolgen zwar durch das Fasten nicht wegzaubern lassen, sich aber die Lebensqualität durch diese Therapie doch entscheidend verbessern läßt. Außerdem bedeutet die Einsparung von Schmerzmitteln und stimmungsaufhellenden Medikamenten nicht nur einen Vorteil für den Patienten – er erspart sich die unliebsamen Nebenwirkungen der chemischen Stoffe – sondern auch eine finanzielle Entlastung der Solidargemeinschaft.

Literatur zum Thema

Atemtraining

Debolowsky, Dr. Udo und Regina
Atem ist Leben
Jungfermann-Verlag, Paderborn

Bewegung und Training

Balk, Arne
Aktiv und gesund durch Stretching
Falken Verlag, Niedernhausen

Cooper, Kenneth H.
Bewegungstraining ohne Angst
BLV-Verlagsgesellschaft,
München/Wien/Zürich

Kleila, E.
Stretching
Falken TaschenBuch,
Niedernhausen

Darmreinigung

Collier, Renate
Wie neugeboren durch Darmreinigung
Gräfe und Unzer Verlag, München

Entspannung

Dogs, Dr. Wilfried
Konzentrierte Entspannung
Walter-Braun-Verlag, Duisburg

Friebel, Dr. Volker
Streß – Nein danke!
Falken Verlag, Niedernhausen

Gesund leben

Cooper, Kenneth H.
Dr. Coopers Gesundheitsprogramm: Bewegung, Ernährung, seelisches Gleichgewicht
Droemersche Verlagsanstalt, München

Heilfasten

Bragg, Dr. Paul C.
Wunder des Fastens
Goldmann-Verlag, München

Buchinger, Dr. Otto sen.
Das Heilfasten
Hippokrates-Verlag, Stuttgart

Buchinger, Dr. Otto; Buchinger, Dr. Andreas
Das heilende Fasten
Dr. Werner Jopp Verlag, Wiesbaden

Fahrner, Dr. Heinz
Fasten als Therapie
Hippokrates-Verlag, Stuttgart

Geesing, Dr. Hermann
Heilfasten
Herbig-Verlag, München/Berlin

Hellmiß, Margot;
Kriegisch, Dr. med.
Schlank und fit durch gesundes Fasten
Südwest-Verlag, München

Krauss, Rüdiger
Fasten und Lebenskultur
Ariane-Verlag, Königstein

Kuhn, Dr. Christian
Heilfasten
Herder-Verlag,
Freiburg/Basel/Wien

Lützner, Dr. Helmut
Wie neugeboren durch Fasten
Gräfe und Unzer Verlag, München

Michl, Christoph
Fastenwanderungen
Verlag Mensch-Umwelt-Erde,
Kaiserslautern

Wilhelmi-Buchinger, Maria
Heilfasten ist nicht Hungern
Trias-Verlag, Stuttgart

F. X. Mayr

Dr. Rauch, Erich
Lehrbuch der Diagnostik und
Therapie nach F. X. Mayr
Haug-Verlag, Heidelberg

Kneipp-Kur

Bachmann, Dr. Robert M.;
Burghardt, Lothar
Kneippen für jeden
Gräfe und Unzer Verlag, München

Flamm, Dr. S.; Hoff, Dr. A.
Wie Kneipp-Kur? Warum und
wann?
Paracelsus Verlag, Stuttgart

Naturheilverfahren

Adressenverzeichnis Naturheil-
verfahren
Organisationen und therapeutische
Einrichtungen in Deutschland,
Österreich und der Schweiz
Haug-Verlag, Heidelberg

Poth, Susanne
Heilen mit Pflanzen
Falken Verlag, Niedernhausen

Weidinger, Hermann Josef
Guter Morgentip vom Kräuter-
pfarrer
Verlag Niederösterreichisches
Pressehaus, St. Pölten, Wien,
Österreich

Positives Denken

Carnegie, Dale
Sorge dich nicht, lebe
Scherz-Verlag,
Bern/München/Wien

Derbolowsky, Dr. Udo
Wer mich nicht liebt, ist selber
schuld
Jungfermann-Verlag, Paderborn

Sauna

Kirch, Dr. Karl M.
Wie neugeboren durch Sauna
Gräfe und Unzer Verlag, München

Pieper, Rolf Andreas
Gesundheit und Entspannung in
der Sauna
Falken Verlag, Niedernhausen

Vegetarische Ernährung

Bustorf-Hirsch, M.
Schmackhafte Vollwertkost ohne tierisches Eiweiß
Falken Verlag, Niedernhausen

Leitzmann, Prof. Claus; Dittrich, Kathi; Kurz, Christel und Gabi
Vegetarische Küche
Falken Verlag, Niedernhausen

Leitzmann, Prof. Claus; Dittrich, Kathi; Kurz, Christel und Gabi
Vegetarisch kochen und genießen
Falken Verlag, Niedernhausen

Vollwerternährung

Früchtel, Ingrid
Vollwertkost auch für Einsteiger
Gräfe und Unzer Verlag, München

Früchtel, Ingrid
Vollwertküche
Gräfe und Unzer Verlag, München

Koerber, Dr. Karl von; Männle, Thomaß; Leitzmann, Prof. Claus
Vollwerternährung
Karl F. Haug-Verlag, Heidelberg

Leitzmann, Prof. Claus; Million, H.
Vollwertküche für Genießer
Falken Verlag, Niedernhausen

Lützner, Dr. Helmut; Million H.
Richtig essen nach dem Fasten
Gräfe und Unzer Verlag, München

Raffelt, R.
Vollwertig backen
Falken TaschenBuch, Niedernhausen

ADRESSEN

EINRICHTUNGEN, DIE HEILFASTEN ANBIETEN

Deutschland

Krankenhaus Moabit IV
Innere Abteilung (Naturheilverfahren)
Turmstr. 21
D-10559 Berlin
Tel. 0 30/39 76/34 00
Fax 0 30/39 76 34 09

Klinikum Berlin-Buch
Klinik für Physiotherapie
Wiltbergstr. 50
D-13125 Berlin
Tel. 0 30/9 40 10

Prießnitz Klinik
Krankenhaus Mahlow
Arnold-Böcklin-Str. 7
D-15831 Mahlow
Tel. 0 33 79/33 10

Allgemeines Krankenhaus
Ochsenzoll
Abt. für Naturheilverfahren
Langenhorner Chaussee 560
D-22419 Hamburg
Tel. 0 40/52 71-23 09

Klinik Dr. Otto Buchinger
Forstweg 39
D-31812 Bad Pyrmont
Tel. 0 52 81/16 60

Klinik am Warteberg
Werner-Eisenberg-Weg 3
D-37213 Witzenhausen
Tel. 0 55 42/50 60

Schwarzwald-Sanatorium Obertal
Rechtmurgstr. 27
D-72270 Baiersbronn-Obertal
Tel. 0 74 49/8 40

Zentralverband der Ärzte für
Naturheilverfahren (ZÄN)
Alfredstr. 21
D-72250 Freudenstadt
Tel. 0 74 42/21 51

Deutscher Naturheilbund
(Prießnitz Bund) e.V.
Kreuzbergstr. 45
D-74564 Crailsheim
Fax 0 79 51/4 55 68

Waerland-Sanatorium
Haus Friedborn GmbH
Postfach 1443
D-79705 Säckingen

Klinik für Naturheilverfahren
Sanatoriumsplatz 2
D-81545 München

Private Akademie für Psychopädie
Danziger Str. 15 a
D-82110 Germering
Tel. 0 89/84 75 71
Fax 0 89/8 94 81 21

Privatklinik für Naturheilverfahren
Tannerhof
Tannerhofstr. 32
D-83735 Bayrischzell/Obb.

Privatklinik Dr. U. Spiske
Bürgermeister-Ledermann-Str. 7
D-86819 Bad Wörishofen
Tel. 0 82 47/39 80

Allgäu Clinic für Naturheil-
verfahren
D-86825 Bad Wörishofen
Tel. 0 82 47/3 93-1 23
Fax 0 82 47/3 93-4 20

Ärztegesellschaft für Heilfasten
und Ernährung
Wilhelm-Beck-Str. 27
D-88662 Überlingen
Tel. 0 75 51/80 78 05
gibt Auskunft über Kliniken und
Ärzte, die Heilfasten betreuen

Klinik Buchinger am Bodensee
Postfach 101165
D-88662 Überlingen
Tel. 0 75 51/80 70

Kurparkklinik
Postfach 101564
D-88662 Überlingen
Tel. 0 75 51/80 60

Klinik von Weckbecker
Postfach 13 20
D-97765 Bad Brückenau
Tel. 0 97 41/8 30
Fax 0 97 41/8 31 13

Österreich

Gesundheitszentrum Lanserhof
A-6072 Lans b. Innsbruck
Tirol/Österr.
Tel. 00 43/5 12/3 86 66
Fax 00 43/5 12/37 82 82

Kur- und Gesundheitszentrum
Dr. Felbermayer
A-6793 Gaschurn/Montafon/Österr.
Tel. 00 43/55 58/86 17

Gesellschaft der Mayr-Ärzte e.V.
Gesundheitszentrum am
Wörther See
A-9082 Maria Wörth-Dellach
Tel. 00 43/42 73/25 11
Fax 00 43/42 73/28 11 51

Gesundheitszentrum am
Wörther See
A-9082 Maria Wörth-Dellach
Tel. 00 43/42 73/25 11
Fax 00 43/42 73/28 11 51

Schweiz

Kurklinik Vitasana
CH-6932 Breganzona/Schweiz
Tel. 00 41/91/9 68 10 01

Kurhaus Prasura
Höhwaldweg
CH-7050 Arosa/Schweiz
Tel. 00 41/81/31 22 12

Spanien

Clinica Buchinger A. A.
Apartado 68
E-29600 Marbella/Malaga/Spanien
Tel. 00 34/52/77 27 00
Fax 00 34/52/82 99 59

Auskunft über Kontaktadressen „Fasten für Gesunde“
Deutsche Ferienakademie
Deutsche Fastenakademie
Dr. Hellmut Lützner
Mühlenweg 22
D-88633 Heiligenberg-Steigen
Tel. 0 75 54/92 69
Fax 0 75 54/92 69

Fastenwanderungen
Christoph Michl
Im Hagelgrund 2
D-67659 Kaiserslautern
Tel. 06 31/4 91 63
Fax 06 31/4 91 66

Standes-einrichtungen

Deutschland

Europäische Gesellschaft für
Klassische Naturheilverfahren
Prof. M. Bühring,
Freie Universität Berlin
Krankenhaus Moabit IV,
Naturheilverfahren
Turmstr. 21
D-10559 Berlin
Tel. 0 30/39 76 34 00
Fax 0 30/39 76 34 09

UGB, Verband für unabhängige
Gesundheitsberatung e.V.
Keplerstr. 1
D-35390 Gießen
Tel. 06 41/7 77 85
Fax 06 41/7 85 68

Arbeitskreis für Mikrobiologische
Therapie e.V.
Postfach 1765
D-35727 Herborn
Tel. 0 27 72/4 10 35

Ärztegesellschaft für Erfahrungs-heilkunde
Postfach 102840
D-69018 Heidelberg
Tel. 0 62 21/4 06 20

Keippärztebund e.V.
Baumgartenstr. 4
D-86825 Bad Wörishofen
Tel. 0 82 47/90 11 10

Verbände des ökologischen Landbaus

demeter

Forschungsring e.V.
Demeter-Bund e.V.
(gegründet 1924)
Baumschulenweg 11
D-64295 Darmstadt
Tel. 0 61 55/26 74 u. 4 06
Fax 0 61 55/57 74

Bioland
ÖKOLOGISCHER LANDBAU

Bioland e.V.
(gegründet 1971)
Postfach 208
D-73002 Göppingen
Tel. 0 71 61/91 01 20
Fax 0 71 61/91 01 27

BIO KREIS e.V.

Biokreis Ostbayern e.V.
(gegründet 1979)
Theresienstr. 36
D-94032 Passau
Tel. 08 51/3 16 96
Fax 08 51/3 23 32

Naturland – Verband
für naturgemäßen Landbau e.V.
(gegründet 1982)
Kleinhaderner Weg 1
D-82166 Gräfeling
Tel. 0 89/8 54 50 71
Fax 0 89/85 59 74

ANOG e.V.
(gegründet 1962)
Pützchens Chaussee 60
D-53227 Bonn
Tel. 02 28/46 12 62
Fax 02 28/46 15 58

Bundesverband Ökologischer
Weinbauern e.V. (BÖW)
(gegründet 1985)
Zuckerberg 19
D-55276 Oppenheim
Tel. 0 61 33/16 40
Fax 0 61 33/16 09

Gäa e.V. – Vereinigung
Ökologischer Landbau
(gegründet 1989)
Plauenscher Ring 40
D-01187 Dresden
Tel. 03 51/4 01 23 89
Fax 03 51/4 01 23 89

Ökosiegel e.V.
(gegründet 1988)
Fischerweg 8
D-31787 Hameln
Tel. 0 51 51/95 96 99
Fax 0 51 51/95 96 99

Biopark e.V.
(gegründet 1991)
Zarchlinerstr. 1
D-19395 Karow
Tel. 03 87 38/2 29
Fax 03 87 38/2 26

Register

Hervorgehobene Seitenzahlen verweisen auf eine ausführliche Erläuterung des Begriffs, *schräggestellte* auf Abbildungen und Grafiken.

Im FALKEN Verlag sind zahlreiche Titel zu naturgemäßen Heilverfahren erschienen. Bitte fragen Sie danach in Ihrer Buchhandlung.

Dieses Buch wurde auf chlorfrei gebleichtem und säurefreiem Papier gedruckt.

Die Deutsche Bibliothek – CIP-Einheitsaufnahme

Lischka, Eva:
Gesundheit und neue Energie durch Fasten : das
Regenerationsprogramm für Körper und Seele / Eva Lischka ;
Norbert Lischka. – Niedernhausen/Ts. : FALKEN, 1997
ISBN 3-8068-4957-9
NE: Lischka, Norbert:

ISBN 3 8068 4957 9

Umschlaggestaltung: Elisabeth Berthauer
Layout: Bayerl & Ost GmbH, Frankfurt/M.
Redaktion: Uwe Meilahn
Titelbild: Comstock, Berlin
Foto Umschlagrückseite: Helga Lade Fotoagentur, JOF, Frankfurt a. M.
Fotos: Bildagentur Huber, Garmisch-Partenkirchen (Radelt S. 2, Giovanni S. 8, R. Schmid S. 60/61, 66, 136/137, Picture Bank S. 86, 93, 146); **Klinik von Weckbecker,** Bad Brückenau (S. 6, 143); **AKG, Berlin** (S. 11 o., 11 u., 20, 21, 113); **Silvestris,** Kastl/Obb. (Kerscher S. 12/13, 24/25, 57, 91, Lindenburger S. 29, New Photo S. 51, Foto Stock S. 54, 74, Legler S. 109); **Mauritius,** Frankfurt/M. (S. 16, Poehlmann S. 139); **Städtisches Kuramt Bad Wörishofen** (S. 22); **Boehringer Mannheim GmbH,** Mannheim (S. 31, 35); **U. Niehoff,** Bienenbüttel (S. 36, 39, 77, 81, 87, 98, 99, 104); **Heinz Kettler GmbH & Co.,** Ense-Parsit (S. 40); **L. Reinbacher,** Kempten (S. 44); **Okapia,** Frankfurt/M. (N. Lange S. 49, NAS/M. Davidson S. 116 o., 116 u.); **U. Meilahn,** Königshofen (S. 55); **K. Welscher,** Berlin (S. 97, 110/111, 134); **WDV Wirtschaftsdienst,** Bad Homburg (S. 103); **FALKEN Archiv:** Gerlach (S. 27, 121 u.l.), W. Zöltsch (S. 38, 72, 75, 88, 89); TLC (S. 65, 102, 121, 128, 131); Studio R. Schmitz (S. 68, 123); Klafs-Saunabau (S. 71); I. Scherer (S. 78); J. Mönch (S. 90 o., 90 u.); Wissing (S. 113)
Zeichnungen: G. Scholz, Dornburg-Frickhofen (S. 30, 37, 64, 95, 106);
FALKEN Archiv: G. Scholz (S. 42, 47, 48)
Grafiken: M. Stüber, Niedernhausen (S. 27, 31, 35, 39, 44, 113, 128)

Die Ratschläge in diesem Buch sind von den Autoren und vom Verlag sorgfältig erwogen und geprüft, dennoch kann eine Garantie nicht übernommen werden. Eine Haftung der Autoren bzw. des Verlags und seiner Beauftragten für Personen-, Sach- und Vermögensschäden ist ausgeschlossen.

Satz: Raasch & Partner GmbH, Neu-Isenburg
Gesamtkonzeption: FALKEN Verlag, D-65527 Niedernhausen/Ts.

817 2635 4453 6271

Bloß keinen Streß

Streß - nein danke!
Von Dr. V. Friebel, 96 Seiten,
52 Farbfotos, 13 farbige
Zeichnungen, kartoniert
ISBN: 3-8068-**1546**-1
DM 19,90

- Streßtest und Streßprofil
- Problemlösungsstrategien
- Entspannungsübungen

Gesundheit und Entspannung in der Sauna
Von R. A. Pieper,
104 Seiten, kartoniert
ISBN: 3-8068-**0980**-1
DM 9,90

- Wirkung der Sauna
- Der richtige Badeablauf
- Anleitungen und Tips

Stand der Preise 1. 10.1996 · Änderungen vorbehalten

FALKEN

Der Spezialist für nützliche Bücher

Ganz natürlich

Die Heilkraft der Pflanzen
Von S. Poth, 208 Seiten,
194 Farbfotos, gebunden
ISBN: 3-8068-**4862**-9
DM 39,90

- 100 Heilpflanzen und ihre Wirkungen, Inhaltsstoffe sowie Einsatzmöglichkeiten
- Geordnet nach Krankheiten

Stretching
Von A. Balk, 40 Seiten, 107 Farbfotos,
Spiralbindung, 8 Ausklapptafeln
ISBN: 3-8068-**1247**-0
DM 29,90

- Stretchingübungen für jeden Muskelbereich
- Aufbau eines individuellen Studienprogramms
- Bildtafeln zum Ausklappen

FALKEN

Der Spezialist für nützliche Bücher

Stand der Preise 1. 10.1996 · Änderungen vorbehalten